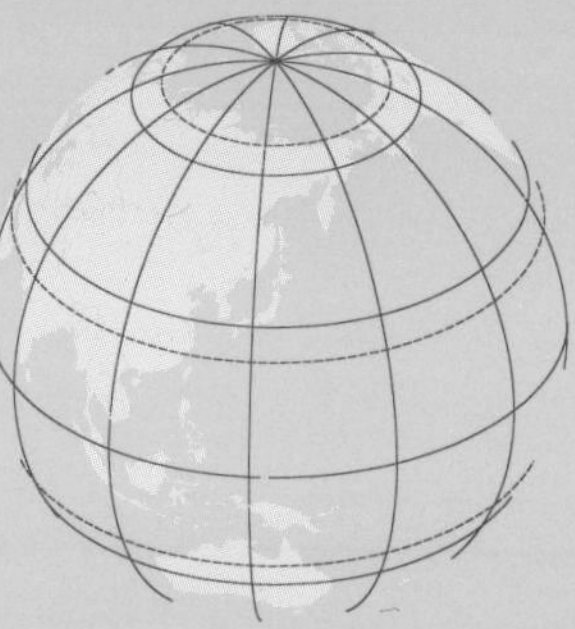

Akira Ikegami, How To See the World

池上彰の世界の見方

15歳に語る
現代世界の最前線

池上彰

小学館

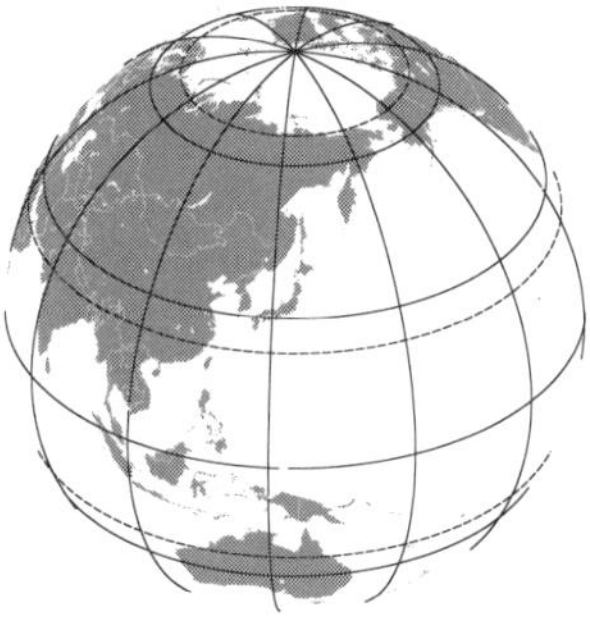

Akira Ikegami, How To See the World

池上彰の世界の見方

15歳に語る現代世界の最前線

はじめに　そもそも世界をどう見たらいいのか

日本に暮らしているあなたは、世界のことを、どれだけ知っていますか？
世界といっても広いですよね。「世界」という言葉を聞いた時に、アメリカを思い浮かべる人もいるでしょうし、ヨーロッパを考える人も、中国や韓国のことだと考える人もいるかもしれません。世界は広く、多種多様。単純に「世界の国々では」などという説明はできないのです。

それぞれの国や地域のことをきちんと理解していないと、思わぬトラブルを招くことがあります。世界の中で生きる私たちは、これまで以上に世界のことを知る必要が出てきたのです。

最近は、宗教をめぐっても、いろいろなニュースが伝えられるようになりました。とりわけ自称「イスラム国」の残虐な振る舞いは、私たちにショックを与えました。

しかし、だからといって、「イスラム」一般が残虐なわけではありません。イスラム世界には、平和を求め、平穏な暮らしをしている大勢の人たちがいます。「○○というのは……」などという決めつけができないことは、いくらでもあるのです。

そんな多様な世界のことを、これからを生きる若者たちに伝えたい。そう考えて企画されたのが、『池上彰の世界の見方』シリーズです。これから、世界の主な国々のことを取り上げていきます。

その際、私が一方的に原稿を書くのではなく、中学生や高校生を前に授業をして、それをまとめるという方法をとることにしました。生徒たちの直接的な反応を見たり、素朴な質問や「いい質問」を受けたりすることで、私自身にも新たな気づきがあります。そうか、そういう点がわからなかったんだ、という発見です。では、その部分を説明するには、どういう言い方をすればいいのか。それを考えることで、私にも新たな成長があります。

２０１６年、18歳から選挙権が与えられます。日本の政治に参加する義務と責任が、若い人にも与えられるのです。選挙で、どのような投票行動をとればいいのか。そんな基礎的な判断能力をつけるためにも、世界のことを知っておきましょう。

このシリーズの本づくりのお手伝いをしてもらうために、今後、いろいろな学校の生徒たちが登場します。生徒たちとの会話や質問から、授業がどう展開されているのか、それも見どころです。

六つの特定のテーマで世界を見る

初回は、導入編。そもそも世界をどう見たらいいのか、そんな基礎を考えようというわけです。

たとえば世界地図。あなたが思い浮かべる世界地図は、おそらく日本が中心のものでしょう。でも、世界の国々で発行されている世界地図は、まったく違うものです。それぞれの国を中心に編集されているからです。その結果、その世界地図を見ることで、その国が置かれている状況や、その国の方針などが見えてきます。これが「地図」から見る世界です。

世界の国々が使っているお金もまた、それぞれ異なっています。でも、そもそも「お金」とは何でしょうか。「壱万円」と印刷されている1万円札は、ただの紙なのに、なぜ買い物ができるのでしょうか。不思議に思ったことはありませんか。こんな疑問に答えるのが、「お金」から見る世界です。

世界には、いろいろな宗教が存在します。とりわけ注目されているのが「イスラム教」です。イスラム教を理解するためには、同じ「一神教」のユダヤ教とキリスト教と比較することが必要になります。

「一神教」とは、この世界をつくったのは唯一絶対の神様であり、それ以外の神様は存在しないと信じる宗教です。唯一絶対の神様は、この世界をつくるだけでなく、やがては「世界の終わり」をもたらす存在でもある。「世界の終わり」に、人間は天国に行けるのか、地獄に落ちるのか。そんな恐れが、日々の人々の暮らしを支えているのです。

そんな「一神教」のことを知ると、では翻って日本の宗教はどうなっているんだろう、という疑問が湧くはずです。神社とお寺はどう違うのか。神道とは、仏教とは……。他の世界のことを知ることは、結局は自分のことを知ることになる。これが「宗教」から見る世界です。

経済ニュースでは、石油の値段が上がったり、下がったりすることが、しばしば取り上げられます。国際ニュースでも、石油をめぐっての争いが伝えられます。石油や天然ガスなどの資源獲得競争が、国際紛争の大きな要因になっているのです。それは、東シナ海の尖閣諸島をめぐる日本と中国との争いにもいえることです。

そんな資源獲得競争に大きな変化をもたらしているのが、「シェール革命」です。アメリカでシェールガスやシェールオイルを採取する技術が生まれたことで、世界経済や国際情勢を大きく変えつつあります。アメリカで起きたシェール革命が、日本とロシアの間の北方領土問題にまで影響を与える。これが国際関係の不思議さであり、おもしろさでもあります。これが「資源」から見る世界です。

このところ、日本国内で大勢の外国人の姿を見るようになりました。日本に魅力を感じる人が増えているのです。日本食も、魅力のひとつです。中国人や韓国人が箸を使って食事をするのは当然ですが、欧米の人でも、最近は箸を上手に使える人が増えてきました。世界各地で、寿司がブームになり、箸の使い方を覚えた、という人が多いのです。

世界で日本がブームになっているのは、箸に限りません。日本のアニメも大人気です。外国人があまりに日本のアニメが好きで、こっちが驚くこともあります。

こうした日本の魅力は「クールジャパン」と呼ばれます。「冷たい日本」ではありませんよ。「クール」とは、「格好いい」という意味の英語です。こうした文化の違いから知る世界もまた、おもしろいものです。これが「文化」から見る世界です。

こんな世界の情報を、あなたはどうやって得ていますか。その多くは、ネットを通じてではないでしょうか。パソコンでもスマホでも、さまざまなニュースや情報を、簡単に得られる時代になりました。

でも、そこで得られる情報は、どこまで信用できるものでしょうか。中には、とんでもない間違いや偏った考え方が入りこんでいることもあります。情報とどう付き合えばいいのか。それを考える必要も出てきました。それが「情報」から見る世界です。

あなたなりの「世界の見方」を

この本では、以上のように「世界」を六つのテーマから考えています。「世界」一般を見るのではなく、特定のテーマで「世界」を切断してみる。その切断面から、あなたは、これまでとはまったく異なる「世界」を知ることになるでしょう。

シリーズ1冊めをつくるにあたっては、東京都千代田区の九段中等教育学校の先生や生徒のみなさんにお世話になりました。この学校で行った6回の授業をもとに、その後のニュースも加筆して、この本ができました。

ここから始めて、あなたなりの「世界の見方」を身につけてみてください。その時、今度は「世界が味方」になることでしょう。

2015年10月

ジャーナリスト・東京工業大学教授　池上　彰

目次

池上彰の世界の見方

15歳に語る現代世界の最前線

がなくなった／そして、「お金」自体が商品になった／平和への願いが生んだ通貨／共通通貨の弱点とは？／実態を持たない仮想通貨が登場した／改めて考える。「お金」って何だろう？

第3章 「宗教」から見る世界

イスラム教は、過激な思想を持った宗教なのか？／世界でも特殊な日本人の宗教観／ユダヤ教とキリスト教とイスラム教の関係を知る／イエスはユダヤ教徒だった／ユダヤ人とは何者か／キリスト教の3大教派／キリスト教にも原理主義がある／イスラム教の聖書は『コーラン』だけではなかった／『コーラン』ではユダヤ教徒もキリスト教徒も啓典の民／聖地エルサレムは、誰のもの？／仏教とはどんな宗教？／仏教の教えとは／ヒンドゥー教と仏教は兄弟のようなもの／ヒンドゥー教には経典がない／先住民支配のために生まれたカースト制度／宗教を考えることは、国際社会を考えること

第1章
「地図」から見る世界

私たちの知らない世界地図

私が外国を訪れる時、取材の合間の時間を使って必ず行うことがあります。それは、その国の出版社が作った世界地図を購入すること。なぜ、世界地図を？ と不思議に思うかもしれません。世界地図を注意深く観察すると、その国の考え方や国際社会との関係が垣間見えてくるのです。これまでに、世界のおよそ70の国と地域を回ってきました。イモトアヤコは90を超えているそうですから、負けているんですが（笑）。何とかイモトに追いついて、抜きたいと思っていますが、その世界地図を見ながら、そしてみなさんにクイズを出しながら、話を展開していきましょう。

Q 頭の中に世界地図を思い浮かべてください。どんな世界地図が浮かんできましたか？

――日本が真ん中に描かれた地図です。

そう、ほとんどの人が、日本を中心に世界を描いた地図を思い浮かべるはずです。日本が真ん中にあって、その西側に中国がある。さらにその西にヨーロッパがある。太平洋をはさんではるか東側にアメリカが位置している、という地図です。

しかし、世界のほかの国の人たちは、それぞれ自分の国が中心にある世界地図を思い浮かべます。たとえば、イギリスの世界地図を見てみましょう（地図①）。当然、地図の中心はイギリスです。日本ははるか彼方、東のはずれに位置しています。日本の世界地図とはずいぶん違いますね。

私は小学生の頃、世界地図を見ると日本は世界の真ん中にあるのになぜ「極東」と言うのか、疑問に思っていました。その疑問もイギリスの地図を見れば、わかります。「極東」を英語でいうと「Far East」。イギリスから見て、極端に東にあるから「極東」と呼ばれるのだということが、よくわかります。

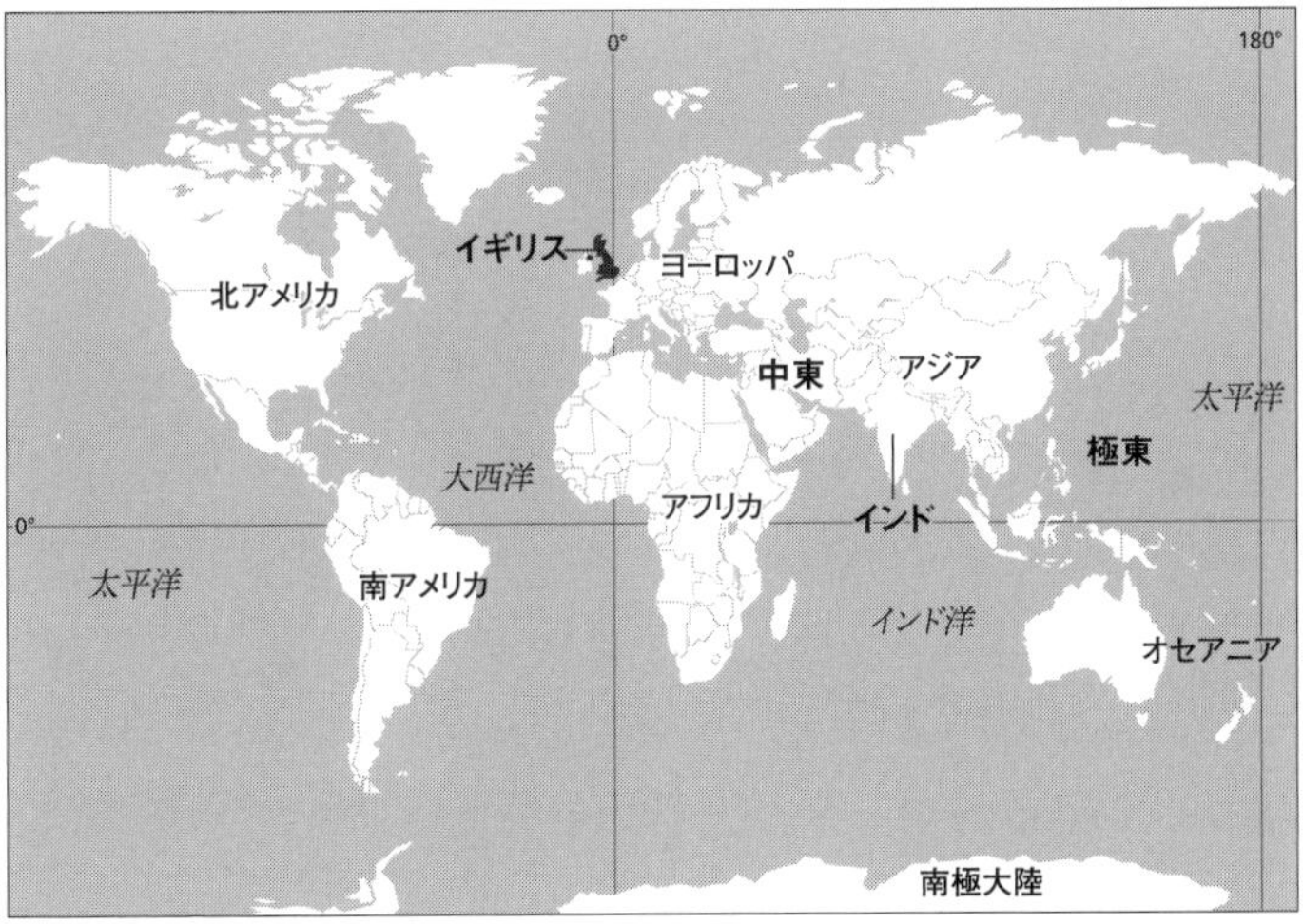

地図①—イギリスを中心に描いた世界地図。極東とはイギリスからの見方です。

Qでは、イギリスから見て、東はどのエリアを指すのでしょう？

——……ヨーロッパ？

確かにイギリスから見て東…だけどイギリスもヨーロッパだよね（笑）。正解は、インドです。何でインドなのだろうか。インドはかつてイギリスの植民地でした。インド、パキスタン、バングラデシュ、スリランカ、このあたりの地域はすべてイギリス領インドだった。だから、イギリス人にとって東とは、インドのイメージなのです。インドを基準に、さらに東が極東で、インドまではいかない東が「中東（Middle East）」というわけです。

では、また質問です。

Q「中東」「アラブ」「イスラム世界」。ニュースなどでよく聞くこの三つは同じ国々のことだと思いますか？

——……？

何となく、どれもアラビア半島周辺の同じ国々を指していると思ってはいませんか。実は、この三つが指す国と地域は異なります（地図②）。自称「イスラム国」の問題などニュースで触れてはいても、毎日の生活の中では自分にあまり関係のない遠い国のように感じ

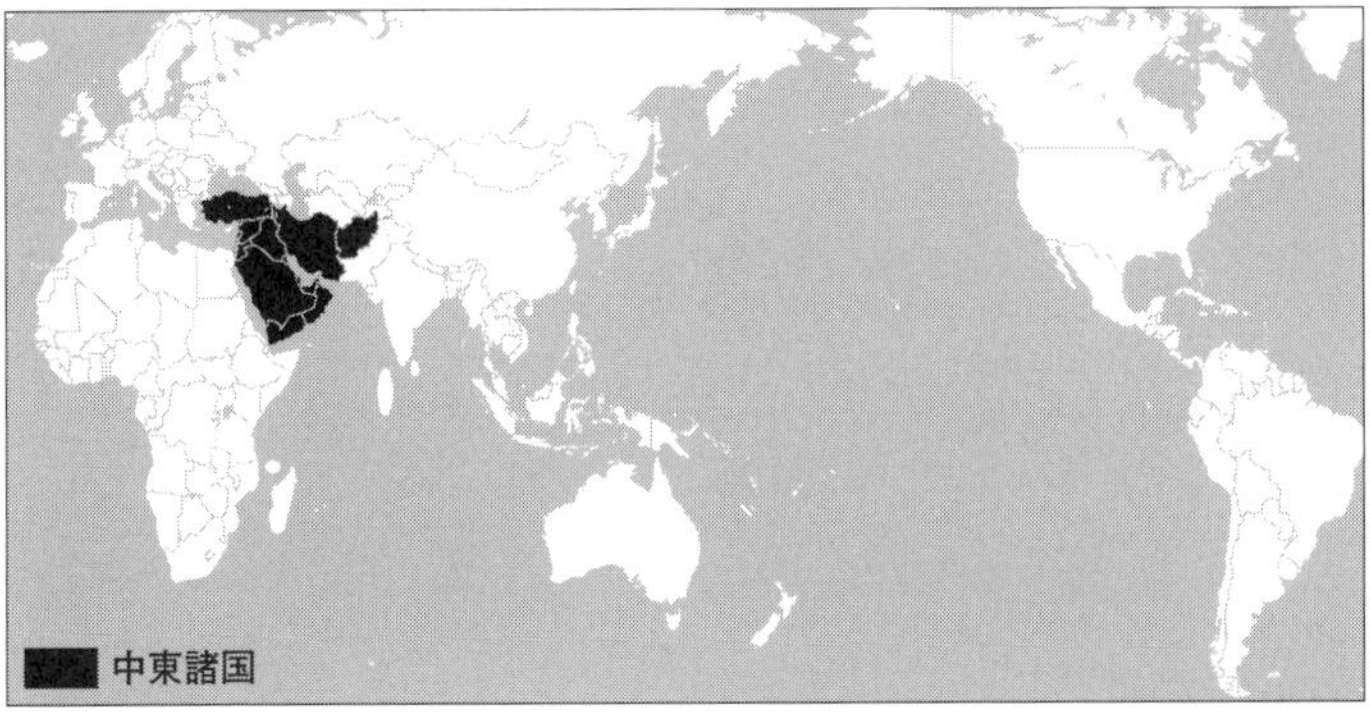

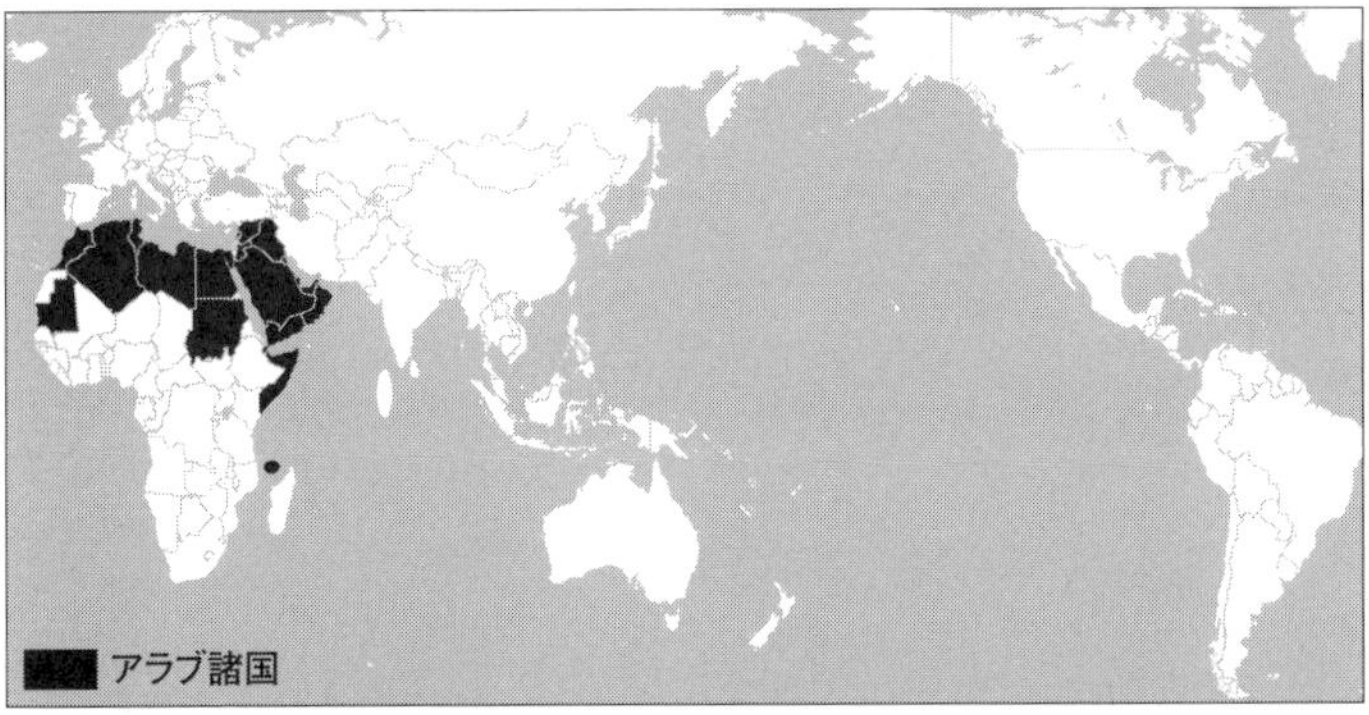

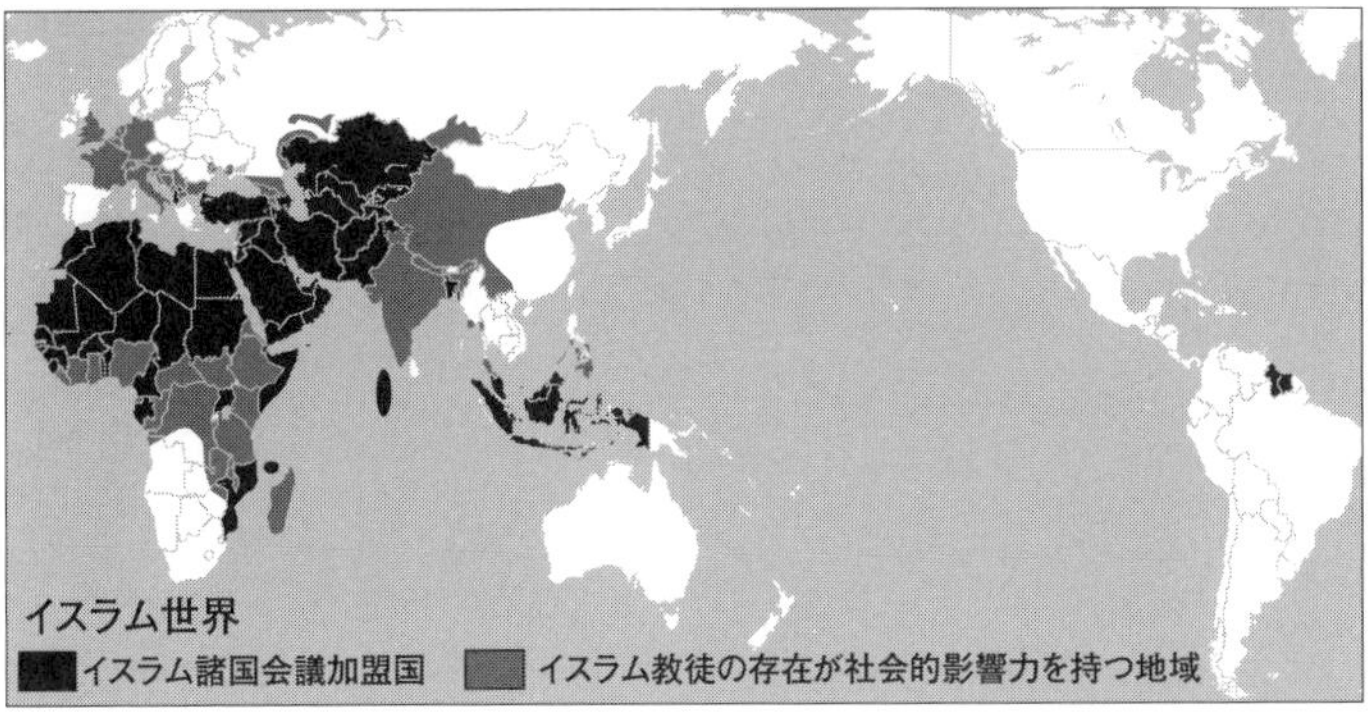

地図②―「中東」「アラブ」「イスラム世界」は、地図で示すとこんなに違います。

られますよね。

「中東」とは、インドとヨーロッパの間を指しますが、どこの国々を指すか共通の定義はありません。これは外務省のホームページに示された日本政府の公式見解による「中東」の地図です（地図③）。

さて次の、「アラブ」とは読んで字のごとく、アラビア語を話すアラブ人が多く住んでいる地域です（地図④）。その範囲は、アラビア半島から北アフリカ一帯に広がっています。トルコ人の国であるトルコやペルシャ人の国であるイランは含まれません。

そして「イスラム世界」。イスラム教を国教とする、あるいはイスラム教徒の人口が多い諸国を指します（p22地図⑤）。アラブ世界と比較すると、インドネシアからアフリカまで広大な範囲に及んでいます。

いかがですか。普段ニュースで耳にしている言葉でも、自分の思いこみや、勝手な解釈で誤解していることが多いのに気づくはずです。

２０１４年に過激な思想をふりまわす自称「イスラム国」の問題が、世界を震撼《しんかん》させました。その時、日本のスポーツ界には、中東で開催される競技への参加をやめようという動きが起こりました。事実、クウェートで開催されたある競技の国際大会に、日本選手は派遣されることはありませんでした。

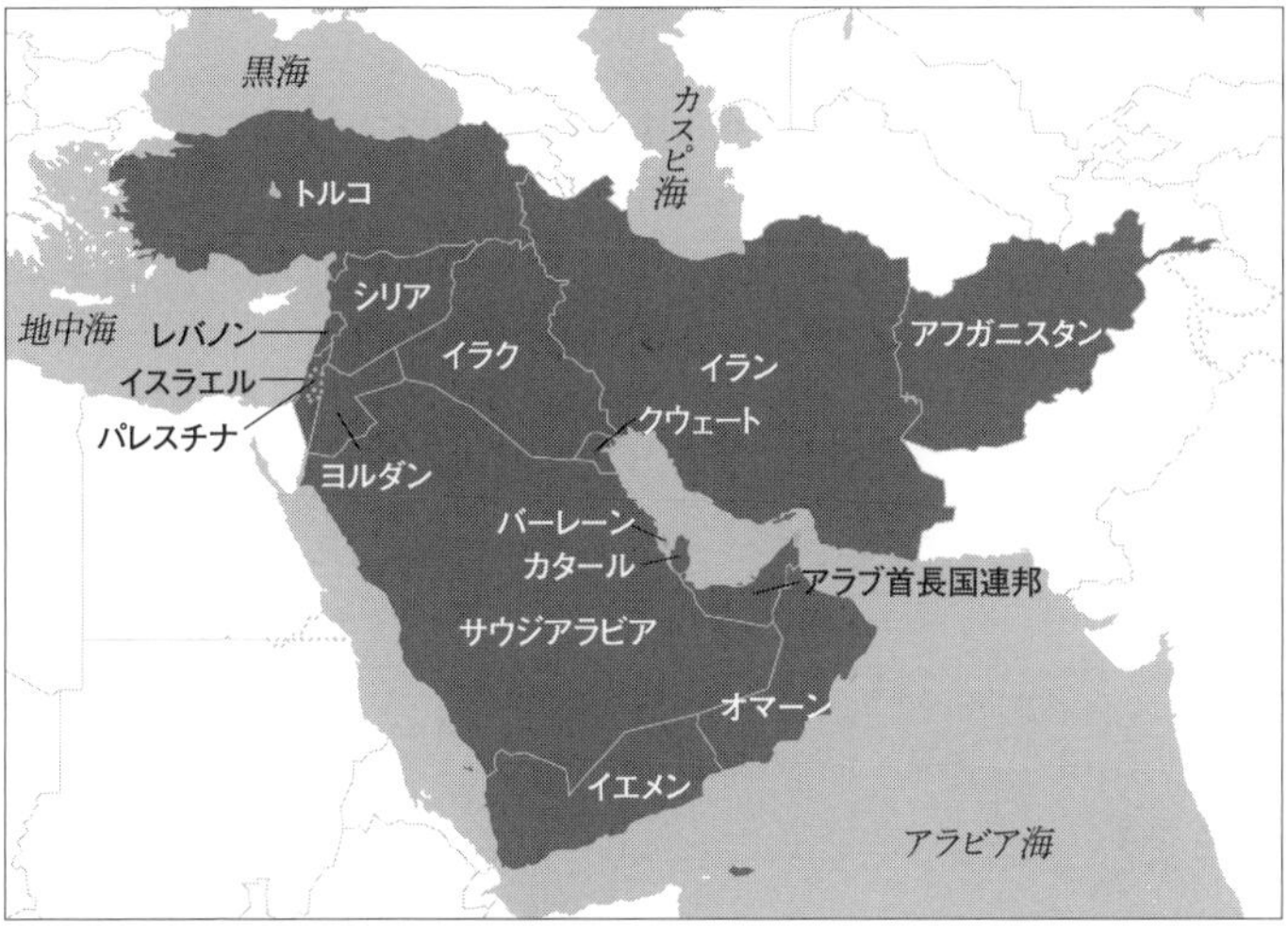

地図③—「中東」の国々

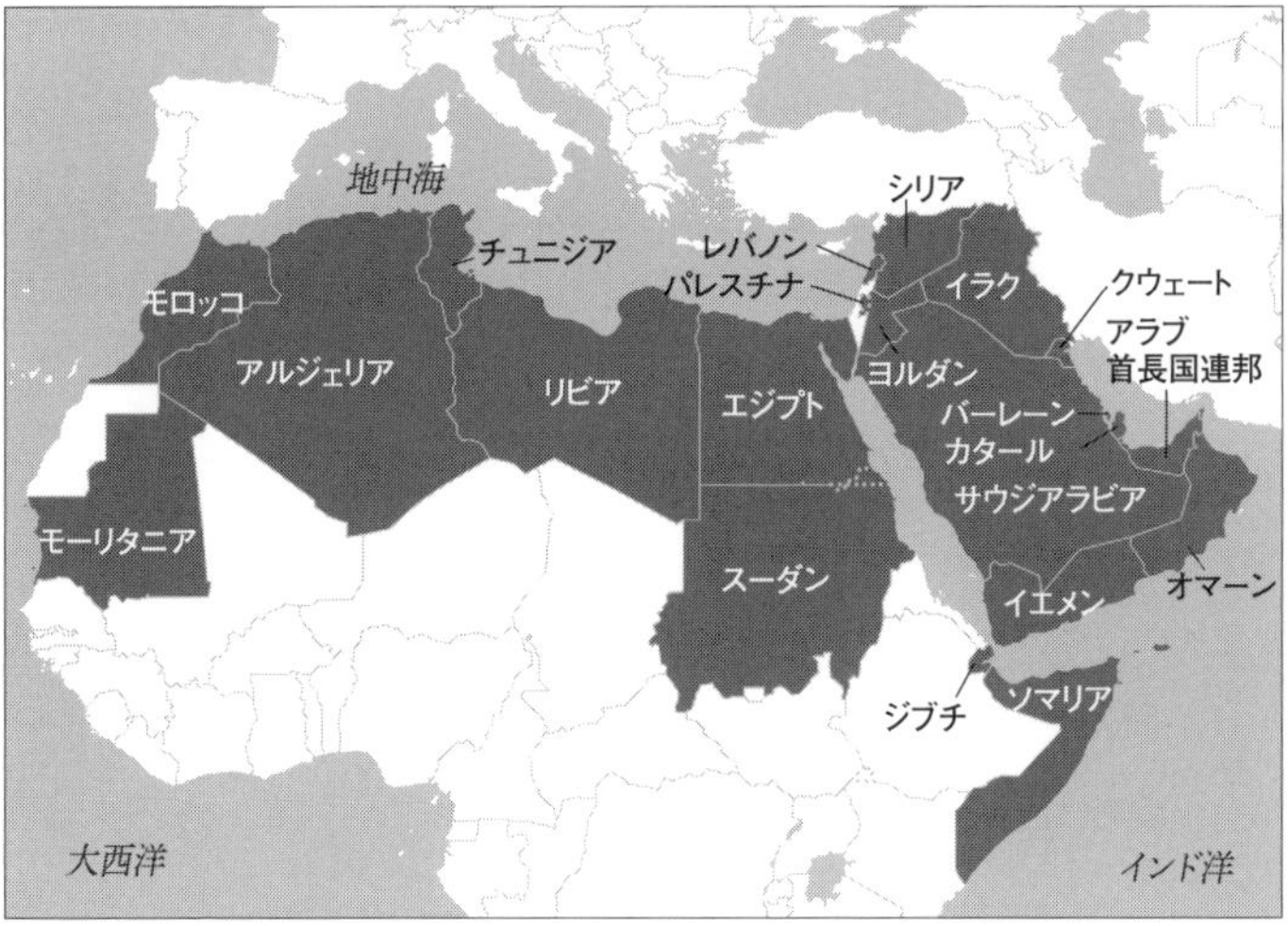

地図④—「アラブ」の国々

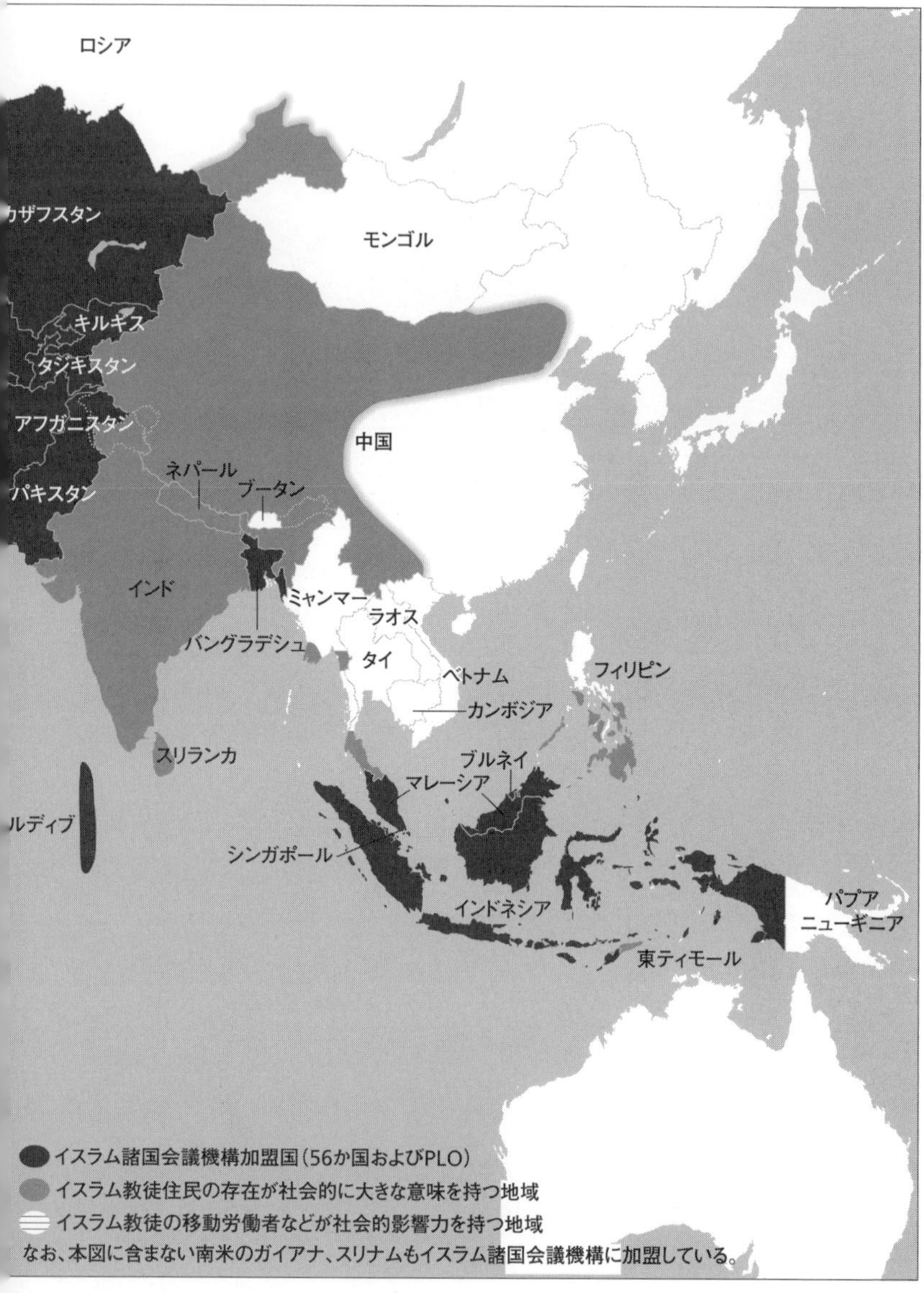

なお、本図に含まない南米のガイアナ、スリナムもイスラム諸国会議機構に加盟している。

地図⑤—「イスラム世界」の国と地域

そこにあるのは、「イスラム国」が過激だから中東全体が危ないという考え方です。しかしこの考え方がどんなにおかしいものか、アジアに置きかえて考えてみるとよくわかります。たとえば、２０１４年に香港で学生が暴動を起こしました。その一面だけを切り取って、東アジアは危険だ。東京で開催される国際大会に、選手を派遣しないと言われたら、私たちはどう思うでしょう。クウェートの人たちも、同じ感覚だと思うのです。どうして、そういう極端な発想が生まれるのでしょう。私は、国際感覚の欠如が原因だと考えます。

話を地域の呼び方に戻しましょう。さらに、ひとつ疑問がわいてきます。

Q 極東、中東など、なぜ世界はイギリスを中心としたものの見方がされるようになったのでしょう？

――昔、経済の中心だった。

そうだね。１７７０年代から始まった「産業革命」で、蒸気機関の発明と実用化を契機に経済が急発展して、イギリスは世界一の経済大国になりました。その結果、潤沢な資金と最先端の技術力を背景に、植民地をどんどん獲得して、世界に名だたる大英帝国を築き上げたのです。

当時のイギリスの勢力図は、オリンピックの開会式を見るとよくわかります。世界中の国々が国旗を掲げて入場行進をします。よく見るとイギリスの旗が組みこまれた国旗があちこちにあることに気がつくはずです。たとえば、オーストラリアやニュージーランド。左上にイギリスの国旗が入っています。

その昔、「大英帝国に日の沈むことなし」という言葉がありました。世界のさまざまな地域に領土が広がっているため、イギリスで太陽が沈んでも、植民地のどこかでは必ず太陽が昇っている。それほど、大英帝国の勢力は強大だったのです。産業革命とその後の植民地政策の結果、現代の世界はイギリス中心の見方で捉えられてきたのです。

逆さまにした地図を見る

南半球の国の世界地図も見てみましょう。南北が逆転しているオーストラリアの世界地図です（p26地図⑥）。地図の隅に、逆だという苦情は受けつけないという注意書きがあります。もちろん、この地図はパロディです。

世界の国々はみんな自分の国を中心に世界地図を作っている。オーストラリアだって、やってみようと考えた人がいたのです。パロディといえども、まさに逆転の発想。たまにはこうやって物事をひっくり返して、視点を変えて見ることも重要なのだと、オーストラリアの地図が教えてくれます。
日本列島も南北を逆さまにして見ると、実に不思議な形に見えます。私たちはいつも北が上の地図を見ていますが、逆にすると日本海がまるで瀬戸内海のような内海に見えてきませんか（p28地図⑦）。その内海を日本列島と大陸が囲んでいるかのようです。日本とロシア、中国北東部、朝鮮半島が思いのほか近いことに気づかされます。

地図は今でこそ北が上になっていますが、12〜13世紀頃、世界地図が作られるようになった頃は、上は東でした。なぜか。キリスト教で東は聖なる方位とされているからです。『旧約聖書』の「天地創造」で神がアダムとイブに与えた楽園は東の果てにありました。楽園のある東方を地図の上に示し、基準とし

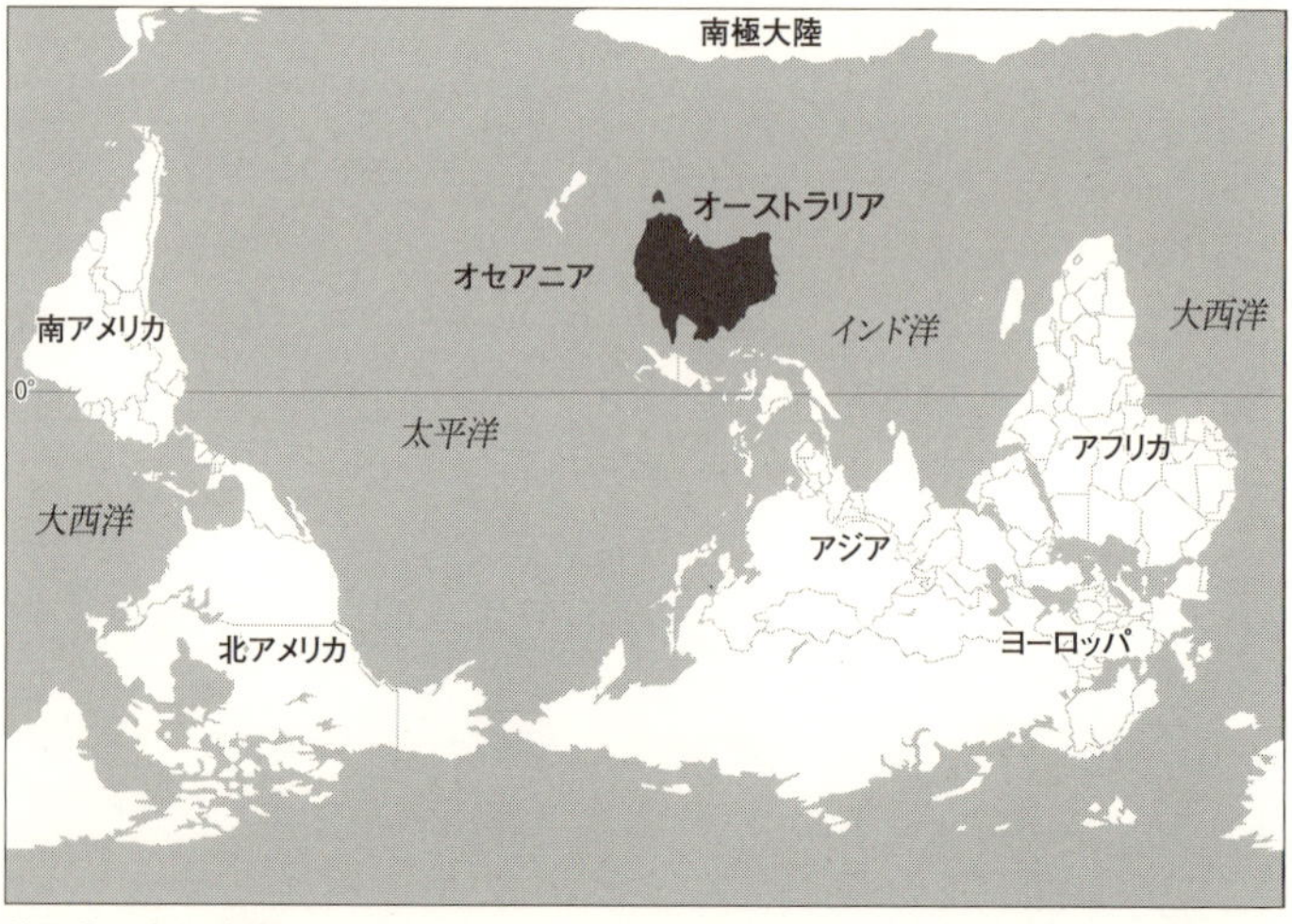

地図⑥—南北が逆転しているオーストラリアの世界地図（入手した地図をもとに描き直したもの）

ていたのです。だから、教会も祭壇が東側につくられ、東の方向を示すことが正しい方向を教えることにもなっていたわけです。

新しく学校に入ると「この学校はこうなっていますよ」とか「授業の受け方はこうしなさい」とかいう説明会がありますね。それをオリエンテーションというでしょう。オリエントとは「東方」を意味します。オリエントが転じて、方向づけることを意味しているのです。こっちが東（正しい方向）だよ、という意味合いが残っているというわけです。

韓国には、日本海がありません

韓国の世界地図は、ハングルと英語が併記されています。韓国で使われている文字のことを、「ハングル文字」と言う人がいます。しかしそれは間違いです。ハングルとは、「偉大なる文字」という意味。そこには文字という意味まで含まれているのです。

さて、韓国の世界地図で注目してほしいのが、私たちが日本海と読んでいる、日本と韓国の間にある海。そこにはEast Sea（동해《トンヘ》＝東海）と記載されています（p30地図⑧）。韓国の地図には、日本海がないのです。

かつて、朝鮮半島は日本の支配下にありました。その時代に、日本によって一方的に日

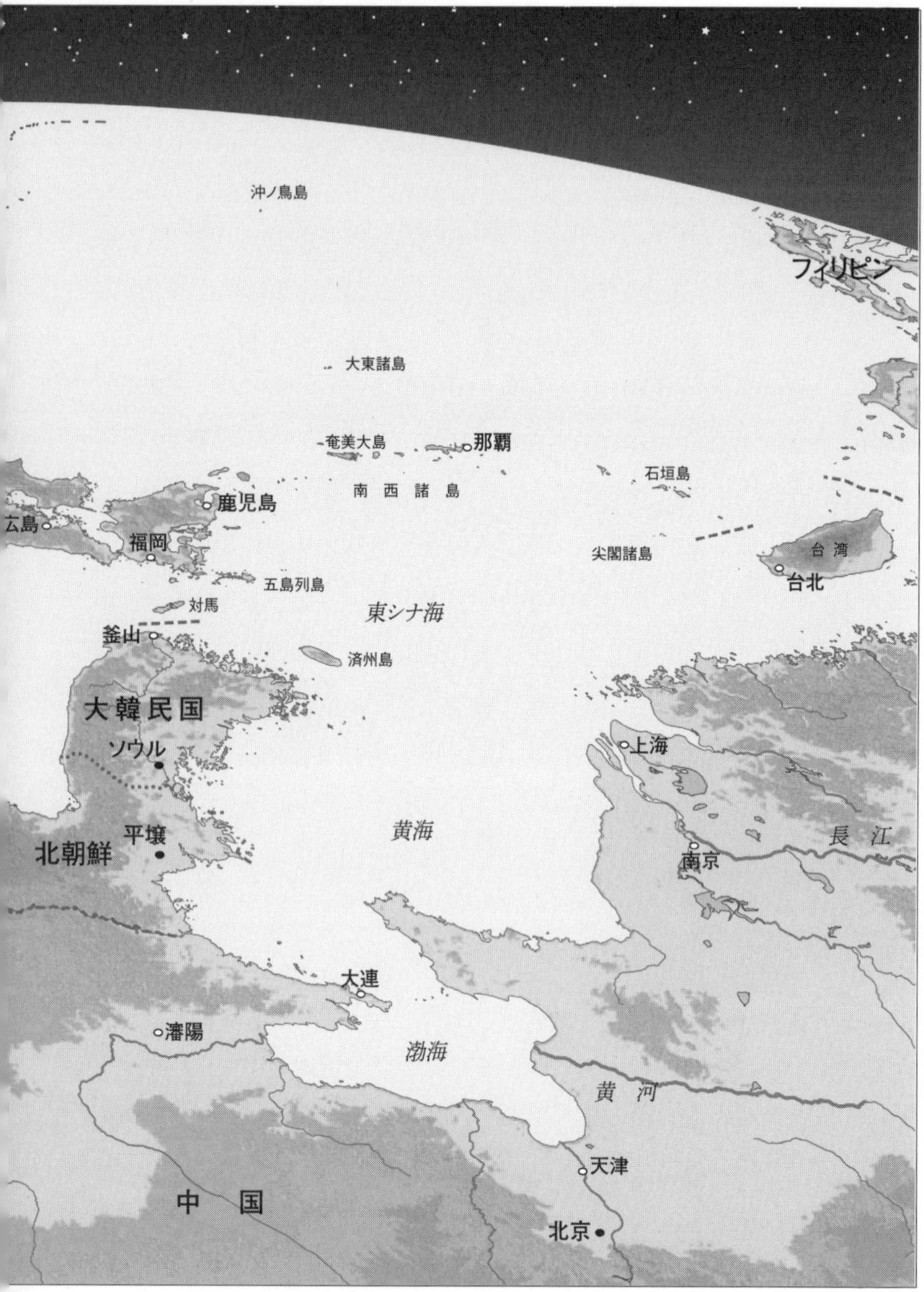

沖ノ鳥島
フィリピン
大東諸島
奄美大島
那覇
石垣島
南 西 諸 島
鹿児島
広島
福岡
尖閣諸島
台 湾
台北
五島列島
対馬
東シナ海
釜山
済州島
大韓民国
ソウル
上海
平壌
北朝鮮
黄海
長 江
南京
大連
瀋陽
渤海
黄 河
天津
中 国
北京

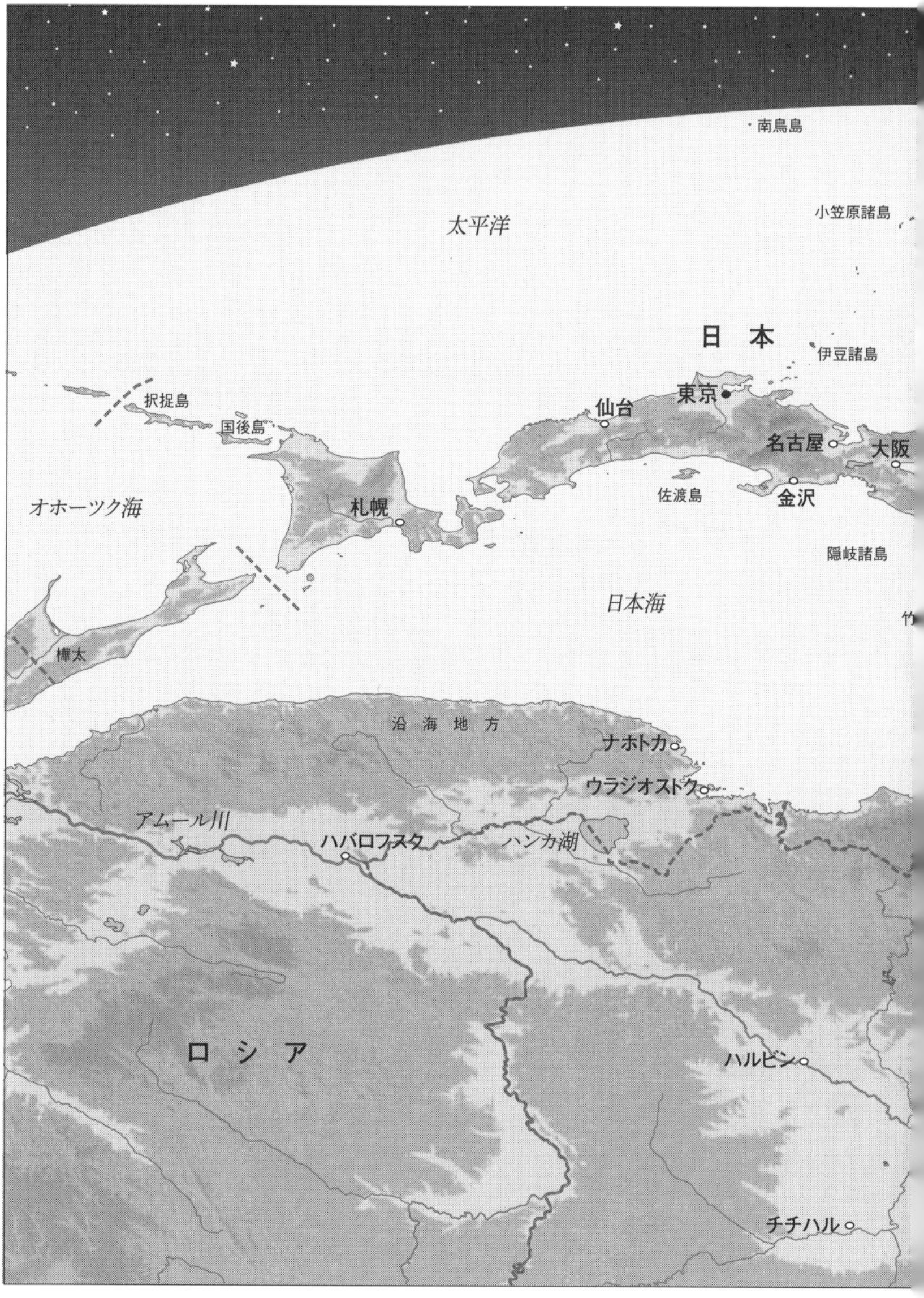

地図⑦—日本列島が違って見える！　大陸から日本列島を見ると不思議な形に見えます。日本海は内海のように見えてきませんか。

本海という名前がつけられたと、韓国や北朝鮮の人たちは思っているのです。だから、ここは日本海ではない。East Sea（東海）と呼んでくれと、世界各国に対して主張しています。

それまで、多くの国々の世界地図は、Sea of Japanになっていました。そこをEast Seaと書きかえてほしい。難しければSea of Japan（East Sea）と両方併記してほしいと、激しい働きかけをしました。結果、今世界のあちこちの地図に、それまではSea of Japanだけだったのが、Sea of Japan（East Sea）と書かれるようになってきたのです。

日本海の表記をめぐっては、こんな事件も起こりました。韓国の人がタイ航空に乗った時、モニターに表示された世界地図にSea of

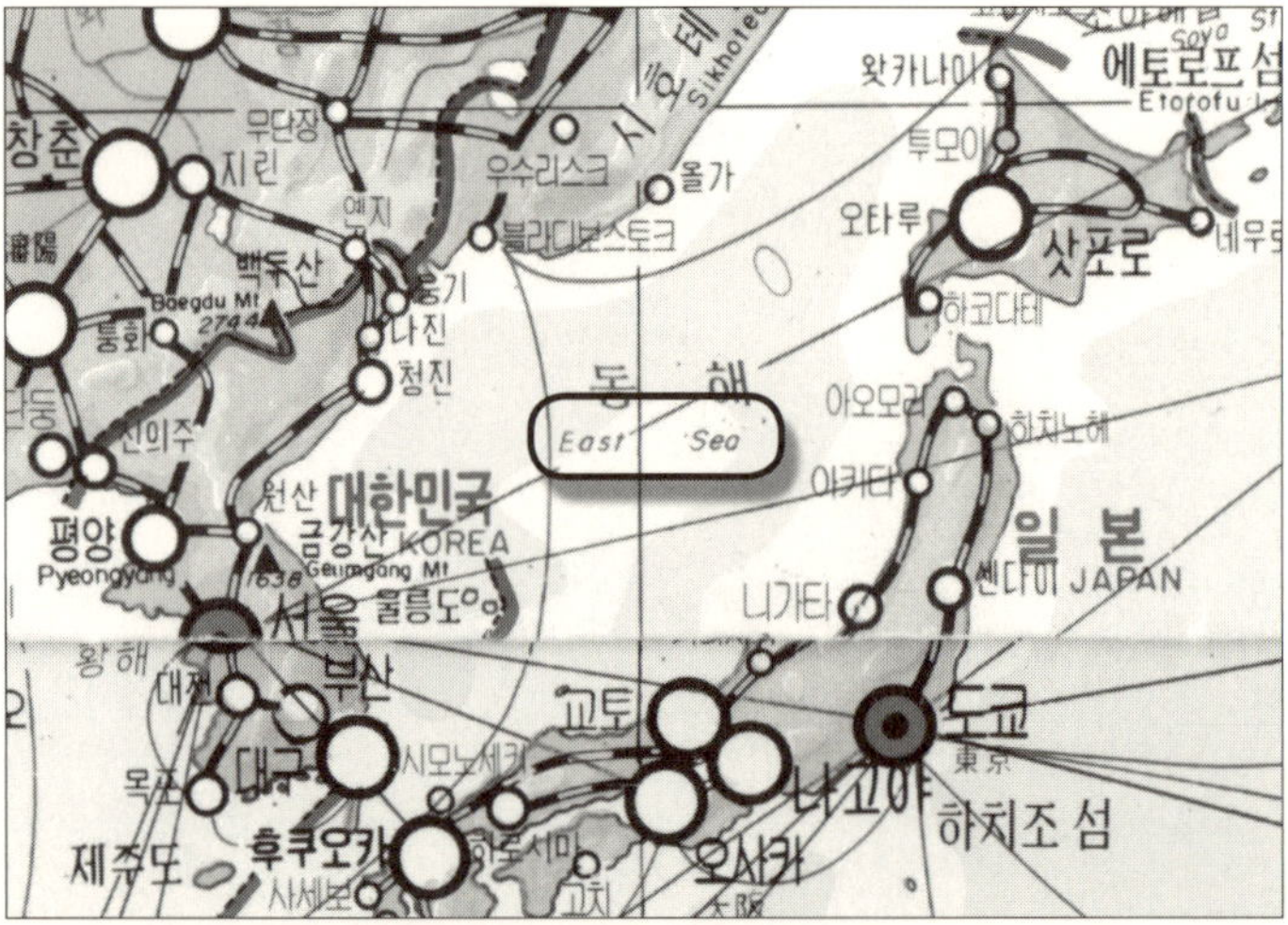

地図⑧―韓国の地図。「日本海」は「East Sea」になっています。

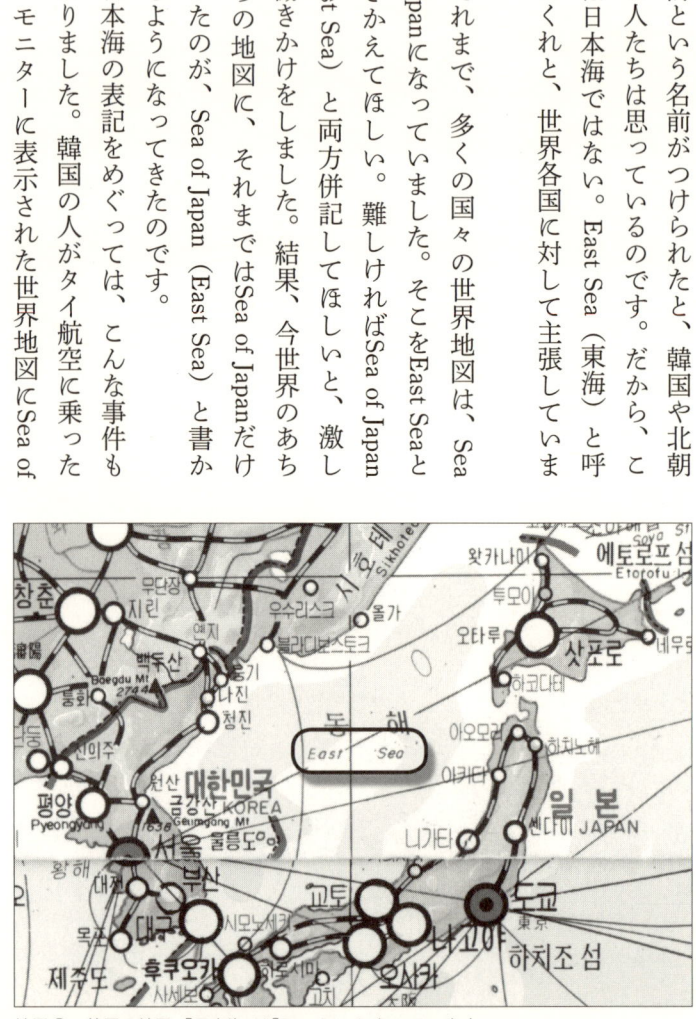

Japanと表記されていたのです。韓国の人は怒りました。タイ航空に対しSea of Japanをやめて East Seaと記載しなければ、タイ航空の利用をやめる、と韓国国内にボイコット運動が広がったのです。その結果、タイ航空はSea of JapanをやめEast Seaに変更しています。

私もエミレーツ航空でドバイから帰国する時、日本海の表記に注目していました。エミレーツ航空は何て書いてあるのだろう。日本に近づいて、日本海部分の地図が表示されました。そこには、Sea of JapanともEast Seaとも書いてありませんでした。海の名前を表記しなければ、とりあえず韓国と日本はどちらもOKと判断したのでしょう。

アラビア湾とペルシャ湾の違いを知っていますか?

海の呼称問題は、ほかの国にも存在します。たとえば、アラブ首長国連邦。英語ではUAE(United Arab Emirates)と表記します。首長国とは、簡単にいえば、王のいる国という意味です。

アラブ首長国連邦は七つの王の国が集まってひとつの連邦国家をつくっています。そこには、議会も選挙もありません。しかし、連邦を代表する大統領は必要です。さて、誰を大統領にするか。7人全員が自国では絶対権力者ですから、簡単には意見がまとまりそうにありません。

　そこで、ものをいうのが経済力。お金です。アラブ首長国連邦の七つの国のうち、石油が出るのはふたつの国だけ。ほかの五つの国は、経済的にふたつの産油国に依存しています。産油量が最も多いのがアブダビ首長国。2番目はドバイ首長国。そこで、アブダビ首長国の王がアラブ首長国連邦の大統領、ドバイ首長国の王が副大統領兼首相という構造になっています。

　アラブ首長国連邦が面している海も民族感情を背景とした表記の問題を抱えています。アラブ首長国連邦の地図を見ると、アラビア湾（Arabian gulf）になっています。ところが日本の地図を見ると、ペルシャ湾（ペルシア湾）と記載されています（地図⑨）。世界的には、

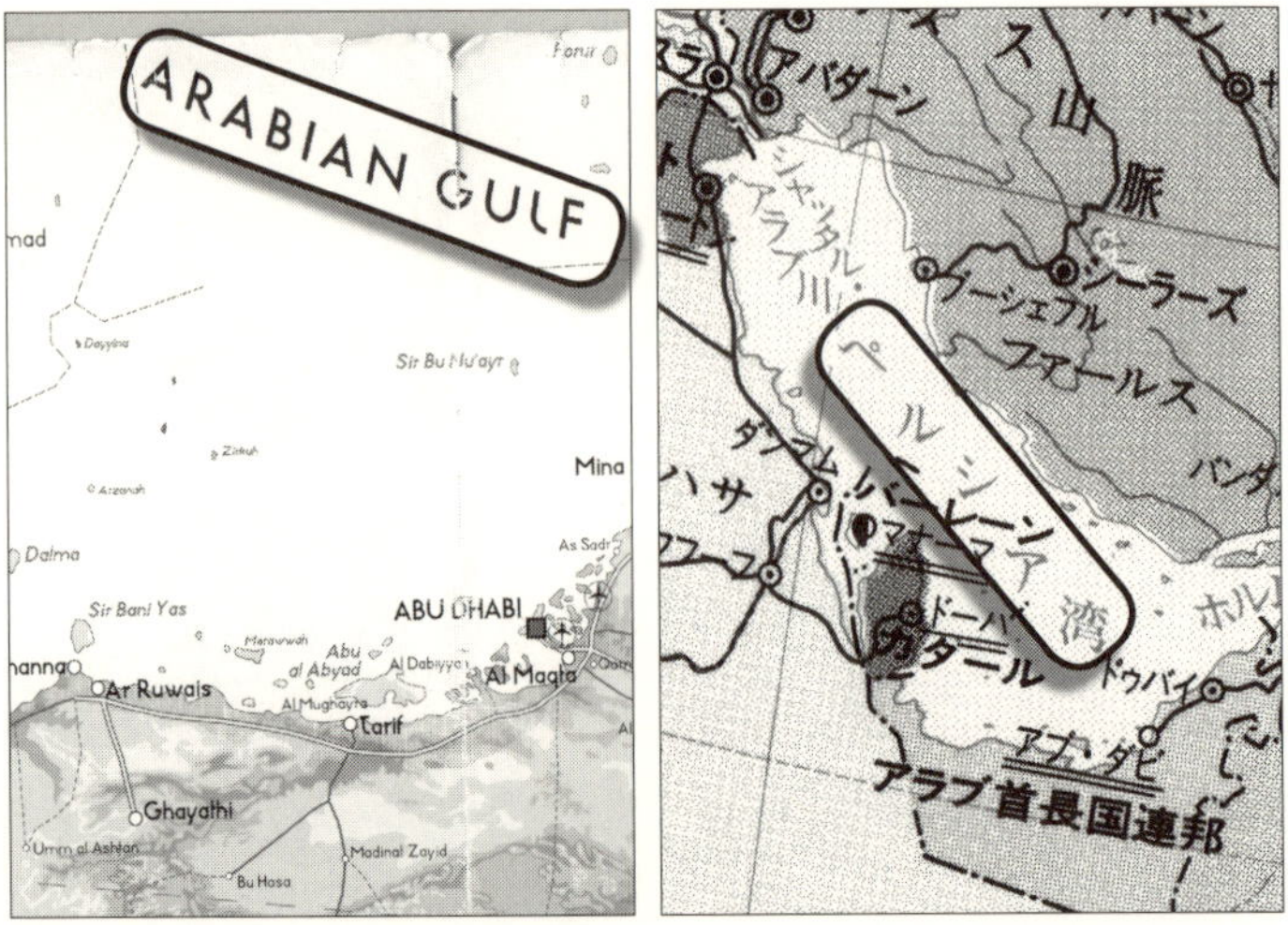

地図⑨―アラブ首長国連邦の地図（左）では「アラビア湾」ですが、日本の地図では「ペルシア湾」になっています。

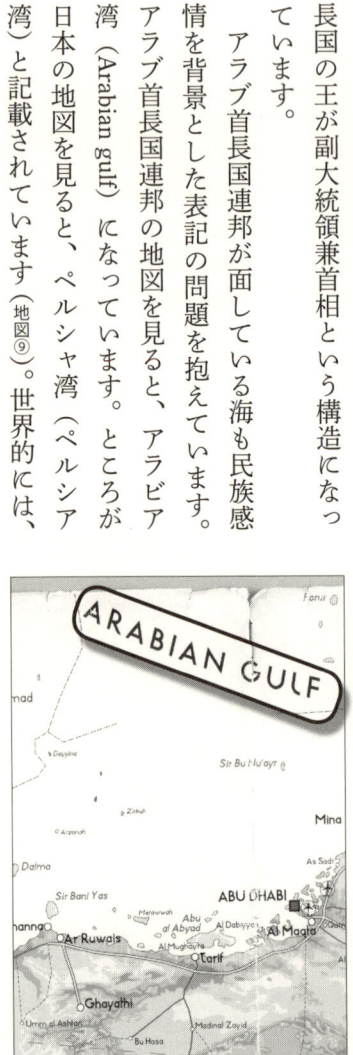

この海はペルシャ湾なのです。けれども、ペルシャ湾と書くと、ペルシャつまりイランの領海のように感じます。アラブの人たちは、それが嫌なのです。だから、アラブ諸国の地図では、アラビア湾と表記されています。

以前、私がサウジアラビアでテレビ番組の収録をした時のこと。サウジアラビアでは、自由な取材ができません。必ず情報省の役人がぴったりはりついて、サウジアラビアの悪口を言わないかチェックをしています。私がリポートを始めて「後ろに見えるのがペルシャ湾です」と言った瞬間、日本語がわかるはずのない役人がぎろりと私をにらんだのです。「ペルシャ」という言葉だけは聞き分けたのです。

ですから、皆さん、これからアラブの人と出会ったら、この湾のことはアラビア湾と言ったほうがいいですし、イランの人と出会ったら、ここはペルシャ湾と言ったほうがトラブルが少ないということになります。

欧米の新聞社は、この地域のことを報じる時に、どう表記しているのでしょうか。Persian gulfか、Arabian gulfか。いずれを表記しても、問題が起こるのは目に見えています。そこで、定冠詞をつけて「The gulf」と表記しているのです。〝その湾〟と言えば、みんなどこのことかわかるでしょうというわけです。海の呼び方ひとつをとっても、国情や民族感情によって、さまざまな問題を含んでいることがわかります。

国名のない地図もあります

私が初めてイランを訪れたのは、2005年。今もなお続く核開発疑惑が表出してきた頃でした。帰国後、知人にイランに行ってきたと話したら、「よくそんな危険な国に」と驚かれました。よくよく聞いてみるとイラクと勘違いしていたのです。隣接していて、しかも名前がよく似ているので、イランとイラクを混同している人も多いと思います。

アメリカが、大量破壊兵器製造の疑惑があるとしてフセイン政権の打倒を旗印にイラクを攻撃したのが2003年。イラクは、それ以来内戦状態におかれ、非常に危険です。一方、イラクの東隣にあるイランは、非常に治安がいい。それは、なぜか。いたるところに当局の目が光っていて、悪いことをすれば、どこかから私服の警察官が現れて、あっという間に逮捕される。だから、治安はいい。しかし決してリラックスできる場所ではありません。

中東の国々は、アラブ人が住んでいてアラビア語を使っているイメージが強いのですが、イランはインド・ヨーロッパ語族のアーリア人種を祖先とするペルシャ人。言語も文化も、アラブ諸国とは異なります。ペルシャ語を使用し、自分たちがアーリア人の子孫だということに大変な誇りを持っています。

イランの世界地図は、ペルシャ語で書かれています。ペルシャ語といっても、使用しているのはアラビア文字。私が見ても、アラビア語なのかペルシャ語なのか、判断がつきません。変だな、と思うかもしれませんが、英語もドイツ語も、フランス語もアルファベット。インドネシア語やトルコ語もアルファベットを使っています。私たちが使っている漢字も、中国から伝来したもの。ほかの国でつくられた文字を使って、自分の国の言葉を書き表すのは、珍しいことではありません。

ペルシャ語は、英語などと逆方向、右から左に文章を書きます。アラビア文字を使うアラビア語とヘブライ語も同じです。パソコンでアラビア語を打っているのを見たことがあるのですが、文字が右から左へ流れていくのを目で追っていると、船酔いのような気分になりました。数字はどうするのか。数字を逆に書くと、国際社会で経済活動を行う場合に問題が起こります。私たちの常識では考えられないことですが、右から左に文章を書いていて、数字になったとたん２０１５と、突然、左から右に書くのです。

Qイランの地図には、あるはずの国が存在しません。さて、それはどこの国でしょう？

——……？

イランの世界地図にはイスラエルという国はありません。イスラエルがあるはずの場所には、パレスチンと書かれています（地図⑩）（英語ではパレスタイン、日本語ではパレスチナと呼ばれます）。なぜでしょう。イスラエル建国の経緯を知ると、その理由がわかります。

イランから見ると、もともとパレスチナというところに、大勢のユダヤ人が移り住んできてイスラエルという国をつくってしまった。その結果、もともとパレスチナに住んでいた人たちが祖国を追われ、難民となった、というわけです。

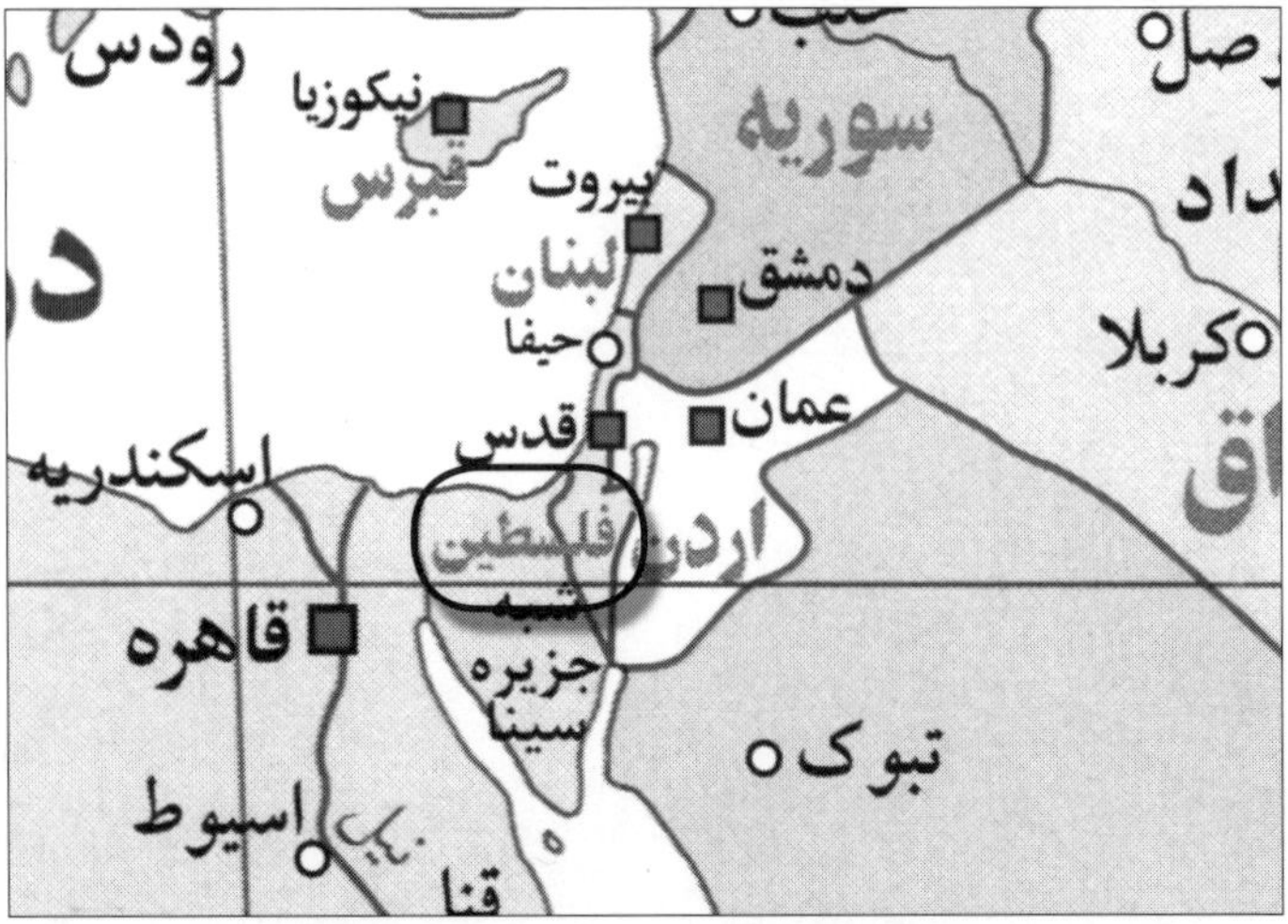

地図⑩—イスラエルがある場所にパレスチン（丸囲み部分）と書かれたイランの地図

イスラエル側にも言い分はあります。ユダヤ人は、約2000年前、ローマ帝国によって国を滅ぼされ、人々はこの地を追い出された。自分たちの土地に戻るのは当たり前だという考えがあったのです。

しかし、パレスチナ難民を目の前にしたイラン国民からすると、イスラエルの行動は、許せません。1970年代終盤にイスラム原理主義者のホメイニ師が率いるイラン・イスラム革命により、反イスラム・親米政権であったパーレビ国王が追放されます。それ以来、イランはアメリカを悪魔の国と呼び、激しく対立するようになります。一方、イスラエルは中東におけるアメリカ最大の同盟国。歴史的な民族問題や政治的な対立もあって、イランはイスラエルという国を認めていないのです。

イスラエルのすぐ東隣にあるヨルダンにも、多くのパレスチナ難民が暮らしています。全人口の半数以上がもともとパレスチナの人たちといわれています。ヨルダンは王国なのですが、国王に嫁いだ王妃もパレスチナ人です。しかし、ヨルダンはイスラエルを国家として承認しています。過去に何度もイスラエルと戦争をして、そのたびに敗れている。自国を守るためには、イスラエルとはもう戦争をしないほうがいいと考え、平和条約を結んだのです。

しかし、ヨルダン国民の多くを占めるパレスチナ難民にとっては、あの場所はイスラエルという国などではない、パレスチナなのだという思いが強い。でもヨルダン国としては、イスラエルを承認している。地図にはイスラエルと国名を記載すべきですが、地図を購入して使うのは、ヨルダンの一般国民。彼らは、自分たちを追い出したイスラエルなんて書いてある地図は買いたくない。その地をイスラエルと記載するか、パレスチナと記載するか。悩ましい問題です。

Q 君がヨルダンの地図会社の社員だったら、その地をイスラエルと書くか、それともパレスチナと書くか。どんな解決策があるでしょうか？

――**何も書きません。**

何も書きません（笑）。正解だよ！

――**えーっ!!**

そこで、ヨルダンの地図会社がとった苦肉の策が、何も表記しない、という方法だったのです。テルアビブやエルサレムなど、都市の名前は書いてあるのですが、国の名前だけはどこにも記載していないのです。地図会社はなかなか苦労しているのだなっていうのが、これでわかると思います。では、次へ行きましょう。みなさんにまた別の国の地図会社の社員になってもらいますからね。

「実効支配」と地図の色

南米アルゼンチンの東側にある島に注目してください。アルゼンチンの地図にはマルビナス諸島と書いてあります。一方、イギリスの地図を見ると、フォークランド諸島（地図⑪）。イスラエルとパレスチナと同様、同じ場所にふたつの呼び名があるのです。しかしイスラエルと、この島の問題とでは少し状況が違います。

そのキーワードが「実効支配」。日本列島の周辺でもよく耳にする言葉です。たとえば、竹島。韓国では独島《トクト》と呼びます。日本は自分の領土だと宣言していますが、実際にその島には韓国の警備隊が常駐している。つまり、

地図⑪—アルゼンチンの地図（左）ではマルビナス諸島、イギリスの地図ではフォークランド諸島

竹島は韓国が独島として実効支配していることになります。一方、日本と中国がそれぞれ領有権を主張している尖閣《せんかく》諸島は、日本が実効支配しています。

現在アルゼンチンは民主化されていますが、かつては軍事独裁政権でした。軍隊による独裁、つまり国民の自由が一切奪われている状態です。政府の批判をすると、あっという間に捕まって、どこかで死体になっている可能性がある。恐怖政治です。当然、国民の不満も高まります。そういう時に、軍事独裁政権はどう対処するのか。これは歴史的にどの国の軍事政権も同じなのですが、必ず国外に敵をつくり出すのです。軍事独裁政権のことが大嫌いな国民でも、アルゼンチンがほかの国からの攻撃を受けるとなると、愛国心から団結するのです。

アルゼンチン沖のこの島は、イギリスやスペイン、フランス、アメリカが入植・撤退を繰り返し、1833年以降はイギリス軍が駐留し実効支配していました。そもそもアルゼンチンの国民は、ここにイギリス軍が駐留していることが気にいらない。そこで、国民を団結させるため、イギリスを敵国とみなし、フォークランド諸島に攻めこみ占領したのです。それが1982年4月2日。当時、イギリスの首相は鉄の女と呼ばれたサッチャーでした。

激怒したサッチャー首相は、ただちに大軍を送って、フォークランド諸島を取り戻そうとしたのです。しかし、首相だからといって、勝手に軍隊を派遣することはできません。軍を動かすためには、閣議決定の手順を踏む必要があります。イギリスの内閣は、サッチャー首相以外は全員男性の大臣だったのですが、みんな尻込みして、反対しました。その時、サッチャー首相は、居並ぶ大臣たちをにらみつけ「この中に男はいないのか」と叱咤《しった》したといわれています。

サッチャー首相の迫力に押されて閣議決定し、イギリス軍がフォークランド諸島に送られることになりました。ところが、イギリスの海軍には大勢の兵隊を乗せて運ぶ船がなかったのです。さあ、どうするか。イギリスには、世界に誇る豪華客船クイーンエリザベス二世号がありました。それをチャーターして、アルゼンチン沖まで送りこみました。

これが、フォークランド戦争あるいはフォークランド紛争と呼ばれている戦いです。結局、2か月ほどでアルゼンチン軍は降伏。イギリス軍がフォークランド諸島を取り戻しました。この戦争の結果、アルゼンチンの軍事政権も崩壊しました。

ここで、アルゼンチンの世界地図を見てください。地図は見やすくするために国別に色分けして塗られています。戦争に敗れてイギリスに実効支配されているフォークランド諸島ですが、アルゼンチンの人は、いまだここは自分たちの島だと主張して自分の国の色に塗っていることがわかります。さて、ここでクイズです。

Q イギリスとアルゼンチンと両国ともいい関係を保ちたい国の地図では、フォークランド諸島はどんな色に塗られているのでしょう？

――……？

イギリスの色に塗るか、アルゼンチンの色に塗るか、あるいは、まったく違うやり方をするか。さあ、地図会社の社員になってアイデアを出してみてください。

――**イギリスとアルゼンチンの色を同じにしちゃう**。

さすが、そうなんです。まさに、ウルトラCのような発想ですね。両国とも同じ色にすれば、領土表記の問題も解決すると考えたのです。

世界にはおよそ200の国があります。地図を見ると、もちろん200とおりの色に塗り分けることなどできません。「4色問題」という数学の難問があるのですが、世界地図は、4色あれば必ず隣同士を違う色に塗り分けることができるのです（実際には、地図を見やすくするため4色よりも多くの色を使っています）。だから、遠く離れた国は同じ色を使っても問題が起こらないのです。アルゼンチンとイギリスが隣国でなかったから、こういう解決策が生まれたのです。

地図から読む、台中問題

20年前頃まで実際に使われていた、台湾の地図を見てください（p44地図⑫）。地図名は「中華民国全図」と書かれています。大陸も含めた全部が中華民国ですという意味です。台湾は、中華民国と表記され、モンゴルも中華民国の一部になっています。

中国大陸の歴史を振り返ってみると、辛亥《しんがい》革命によって清《しん》朝が倒され、1912年1月、孫文《そんぶん》を臨時大総統とする中華民国が成立しました。その時、清朝の支配下にあったモンゴルも中華民国の一部とされたのです。その後、モンゴルはソ連の後押しで独立しますが、中華民国はこれを認めませんでした。そして1949年、蔣介石《しょうかいせき》率いる国民党は台湾へ敗走、毛沢東《もうたくとう》率いる中国共産党によって中華人民共和国が成立すると、ソ連が支援しているモンゴルの独立を、中華人民共和国政府は認めました。

台湾へ渡った国民党の人々はその後も中華民国を名乗り、中華人民共和国になる前の地図を使い続けていたというわけです。中華民国時代の地図ですから、すでに独立しているモンゴルも台湾の論理では、まだ自国の一部。だから、モンゴルの人が台湾に行く時には、台湾政府が入境証を発行して受け入れる、という不思議な手続きが行われていました。パ

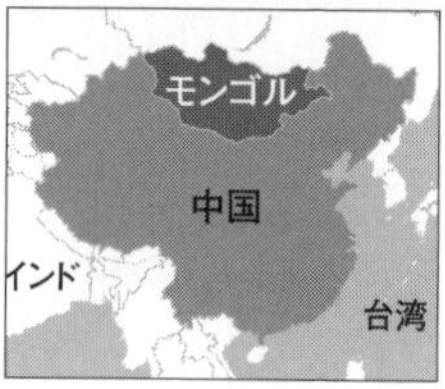

地図⑫—台湾で20年くらい前まで使われていた地図
地図上部のモンゴルは中華民国の一部になっています。

地図⑬（地図⑫の拡大図）
北京が「北平」と記されています。

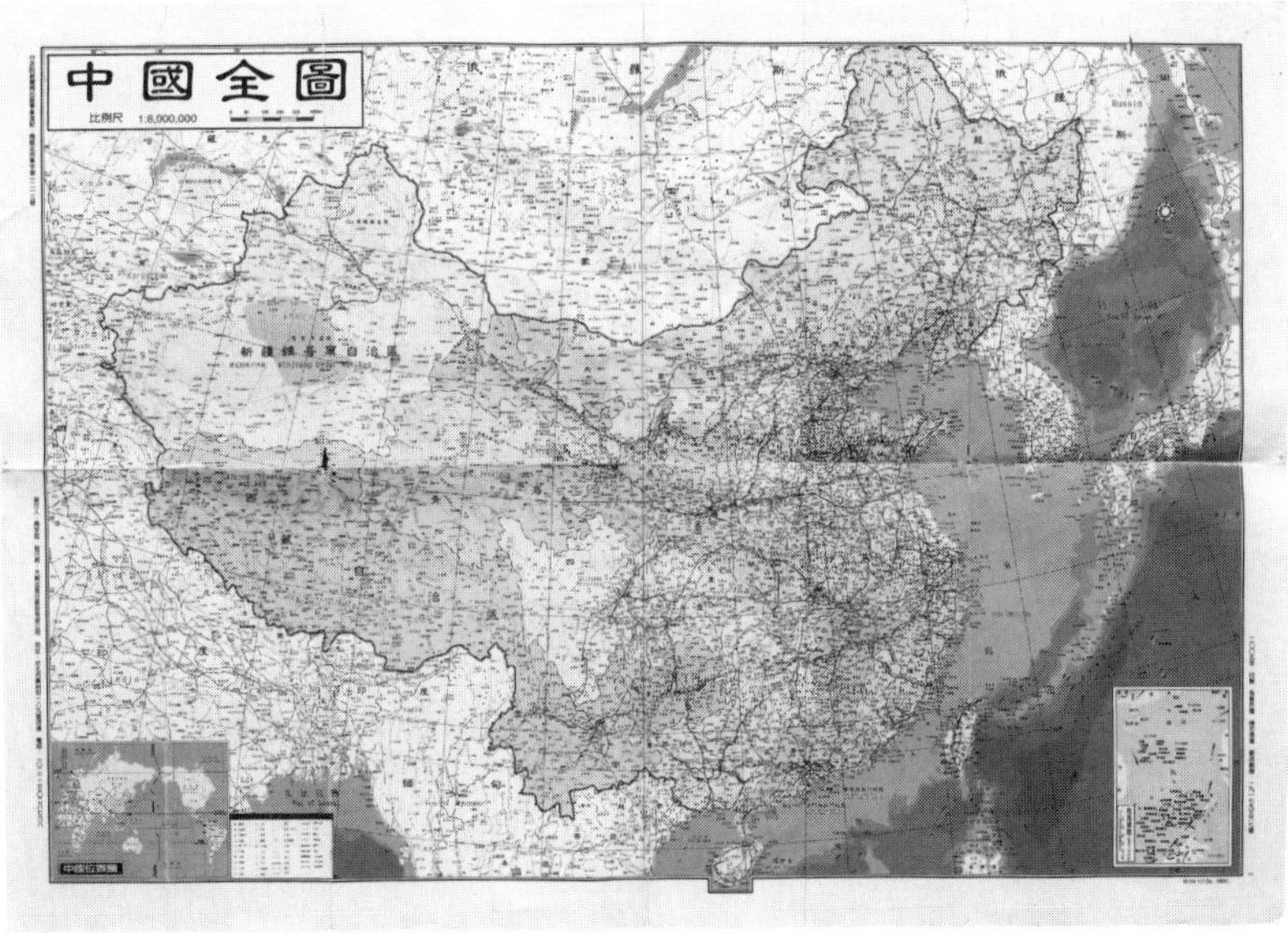

地図⑭—現在の台湾の地図
モンゴルには国境線が引かれ、独立国になっています。

地図⑮（地図⑭の拡大図）
「北平」の文字は消え、北京と記されています。

スポートは、外国に行く時に使うもの。同じ国内を移動するのに、パスポートはいらないという理屈です。そういう経緯を知ると、この地図は完全にフィクションだとわかります。

しかし、国際的にモンゴルは独立国だと認められているわけですから、台湾だけが中華民国の一部だと言い続けるわけにもいかなくなりました。２００２年に、台湾もモンゴルを独立国と認定しています。そして、現在台湾で使われている世界地図には、モンゴルも晴れて独立国として表記されています（p45地図⑭）。

台湾と中国の主権をめぐる問題はここで終わったわけではありません。台湾は現在も中華民国を名乗り続けています。しかし、大陸には中華人民共和国が存在します。それぞれをどう表記するか。政治的にシビアな問題ですから、台湾の地図会社の人たちは相当知恵を絞りました。結論としては、中華民国も中華人民共和国も、略せば「中国」。タイトルに中国全図と書いておけば、大きな問題にはならないと考えたのです。

Q 実はこの古いほうの地図には、もうひとつフィクションがあります。それはなんでしょうか？

――北京のあたりを見ると「北平」という地名になっています（p44地図⑬）。

よく気がつきました。「北京」ではなかった理由を考えてみましょう。

Q 中華民国が大陸にあった時、首都はどこだったでしょうか？

――南京《ナンキン》です。

そのとおりですね。まだ大陸に中華民国があった時、中華民国の首都は「南京」でした。日中関係でも、日中戦争時の虐殺の有無が大論争になっている場所です。日本軍がなぜ南京まで侵攻したのか。戦争に勝利するためには、中華民国の首都を陥落させるのが常道だと考えたからです。

しかし、１９３７年に日本軍が南京を占領すると、中華民国は首都をさらに内陸の重慶に移してしまう。日本軍は、広大な中国大陸の中での行軍を余儀なくされ、ずるずると泥沼に入っていきました。苦戦に苦戦を重ね、このままではとても勝ち目はない。アメリカなどから経済制裁を受けて石油が入ってこなくなる。そこで石油を確保するため太平洋戦争を始めてしまう。「南京」はそういう意味でも、日本の歴史にとって重要な場所でした。

「南京」は南の京と書きます。南に京があるわけだから、北に京があってはいけない。だから、北の京「北京」は「北平」という地名に書き換えられたのです。しかし中華人民共和国の首都として、「北京」は歴然と存在している。これも明らかにフィクションです。新しいほうの地図には、北京という地名が記載されています（p45地図⑮）。時代や政府の方針によって、地図が変わってしまうという一例です。

一方、大陸側の中華人民共和国では、どんな世界地図を使っているのでしょう。中華人民共和国の地図には、中華民国はありません。台湾のある場所には、台湾島と記載されています（地図⑯）。中華人民共和国としては、中華民国という国の存在は認めていないのです。中国はひとつ。中華人民共和国だけだ、という建前が、この地図を見るとよくわかります。

次に、日本の地図で、中国とインドの国境線を見てください。ネパールとブータンを挟んだ東西で二重になっていることに気づくはずです（地図⑰）。しかも点線で記されている。どちらの地域も領土をめぐって、東側は中国とインドの間で、西側はパキスタンを含めた3国で領土をめぐる争いが続いている地域です。特に東側、ブータンの端の国境線をめぐって、インドと中国で戦争になりました。中印国境紛争（1962年）といいます。戦後も互いの国が自国で引いた国境線を譲らないため、第三者の日本としては、それぞれの言い分をとって点線で表示しています。

同じエリアを中国の世界地図で見てみると、中国とインドの国境線は、ずいぶんインド側に入りこんでいます。私たちは、国境は唯一無二のもののように考えがちですが、国によって主張する国境線が違うこともあるのです。

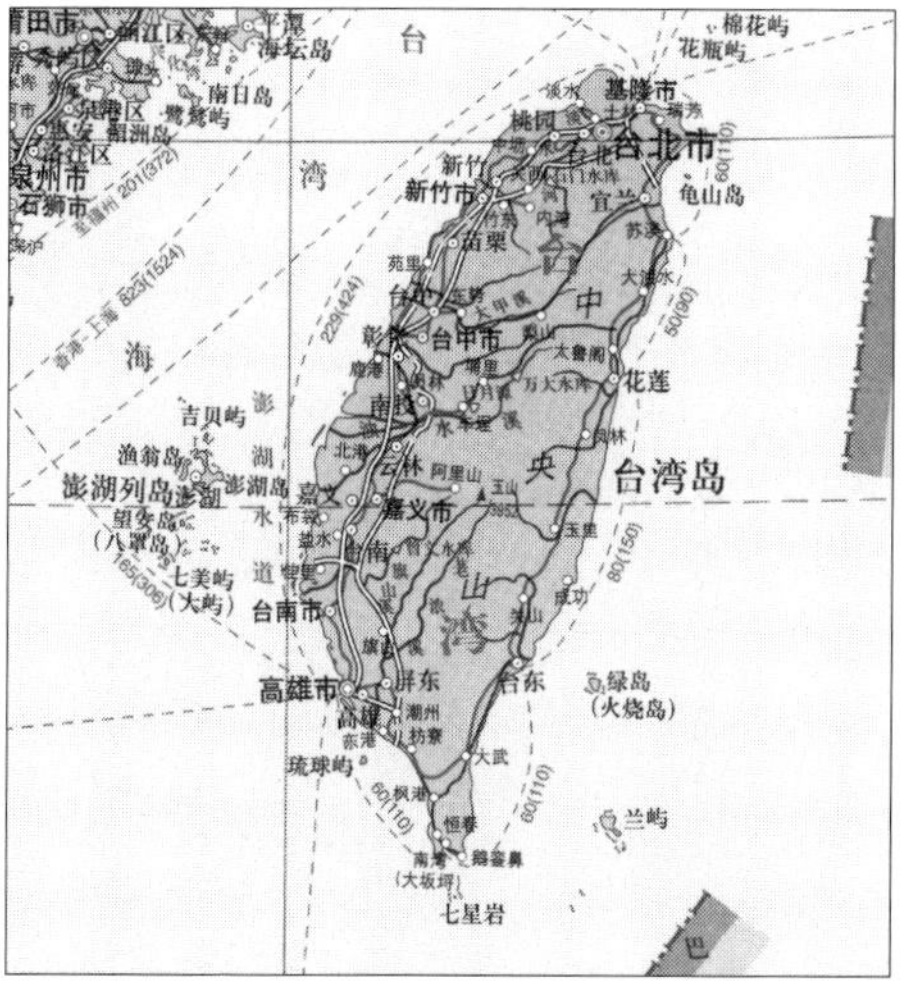

地図⑯―「台湾島」と書かれた中国の地図。

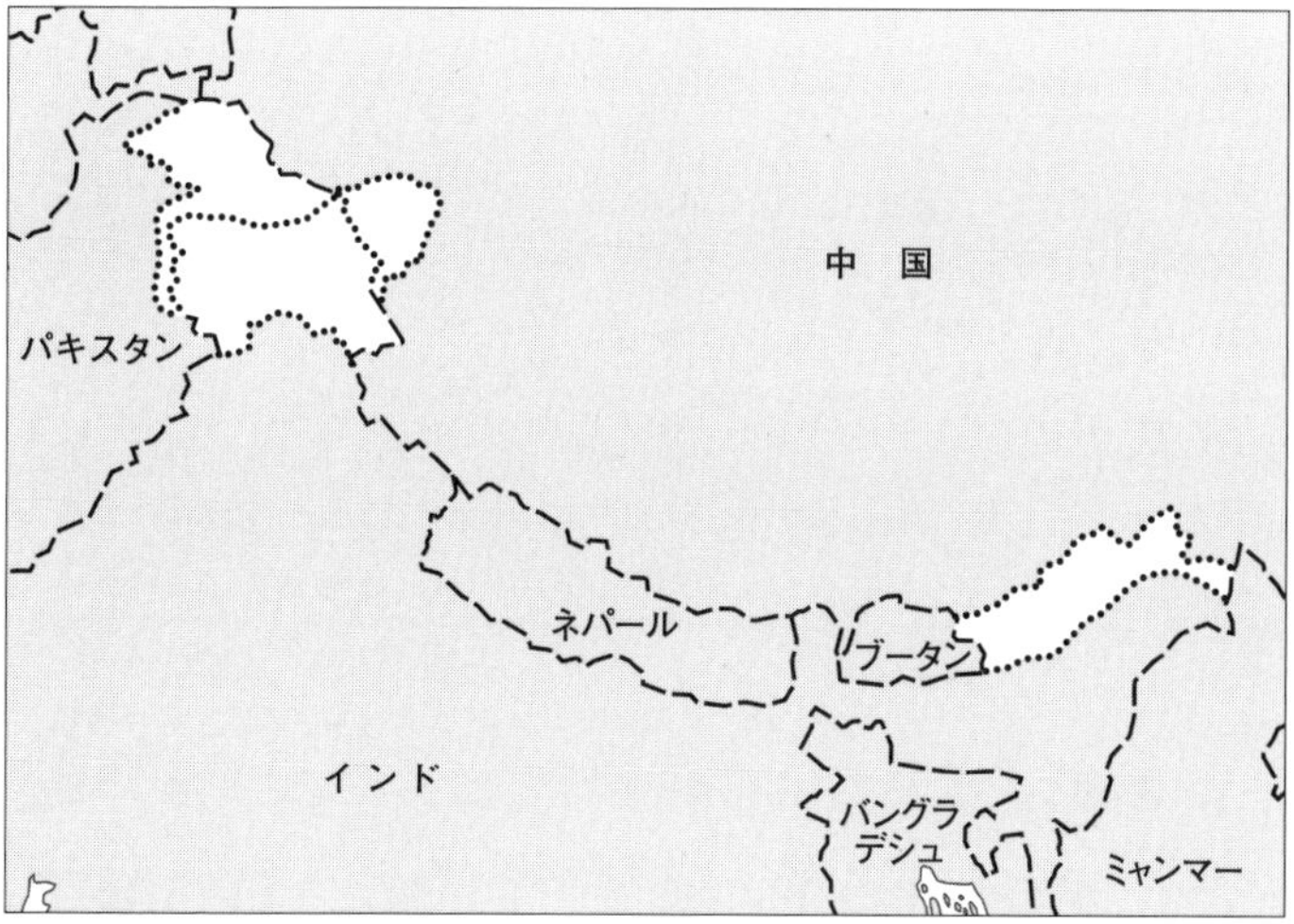

地図⑰―中国とインドの国境線。ネパールとブータンを挟んだ東西で二重になっています。

定規で引いたような国境線

世界地図を開いて、中東のあたりをよく見てください。通常の国境線は、川や山などの自然地形や居住している民族に配慮して引かれるため、複雑な形をしていることが多いのですが、イラクとシリアの間の国境線の一部が定規で引いたような直線になっていることに気づくはずです（地図⑱）。

第一次世界大戦中、このあたりはオスマン帝国の支配下にありました。オスマン帝国と戦っていたイギリスとフランスにロシアを加えた3か国が大戦後にオスマン帝国の領土を分け合うことを秘密裏に約束しました。これがサイクス・ピコ協定（１９１６年）です。

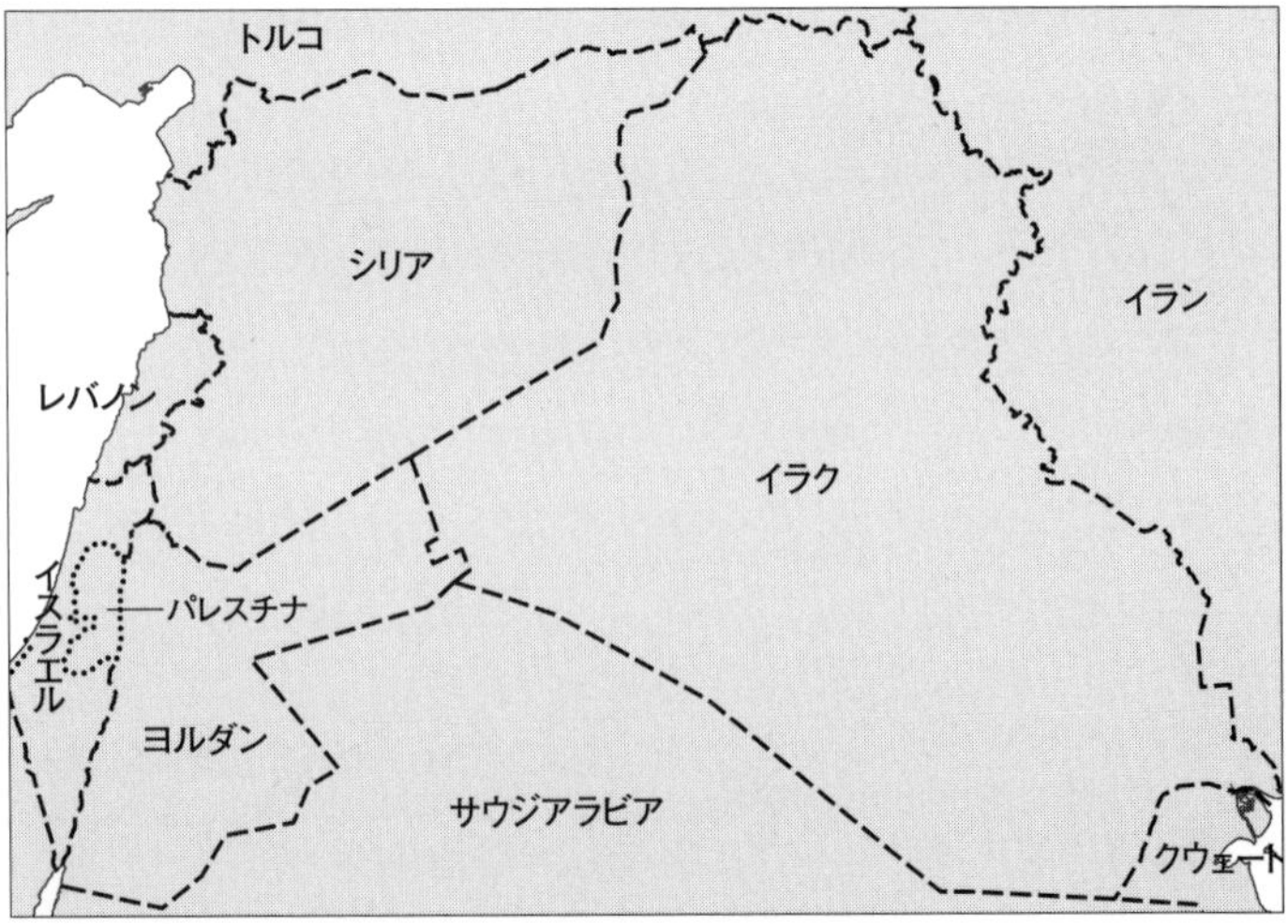

地図⑱—中東には定規で引いたような国境線の部分が多い。

ところが1917年にロシアで社会主義革命が起き、帝政が崩壊しました。新政権が、この秘密協定を暴露します。当地に暮らしているアラブ人は反発します。

しかし大戦後オスマン帝国が滅びると、ロシアを除くイギリスとフランスは、強引に領土を分割し国境線を引いてしまいます。

もともとこの地に住んでいたアラブ人は、勝手に引かれた国境線によって、別々の国に分かれることになりました。アラブ人にとって、この国境線は屈辱的なものであると同時に、自分たちの土地を奪還するのだという民族的な思いの象徴でもあります。

自称「イスラム国」がサイクス・ピコ体制の打破を宣言して、イラクとシリアにまたがって国をつくったのもそういう歴史があるからなのです。

アフリカにも定規で引いたような国境が多い。もともと砂漠で定住している民族が少なかったことに加え、大植民地時代にイギリスやフランスが、ここからここまでは自国の領土だと、現地の状況に関係なく地図を広げて勝手に線を引いた名残なのです。無理やり引かれた国境の下では、民族紛争が起こりやすい理由もこれでわかると思います。

ちなみに、世界最長の国境線は、アメリカとカナダ間。両国の国境線も直線的に引かれていますが、これは北緯49度で分けるという約束のもとにロッキー山脈上に引かれたといわれています。居住者のいない山岳地域なので、直線にすることができたのですね。

「敵の敵は味方」という考え方

日本とロシアの関係をひもとく中で、避けて通れないのが北方領土問題です。国後島《くなしり》、択捉島《えとろふ》、色丹島《しこたん》、歯舞《はぼまい》群島の4島は、1855年に締結された日露和親条約で日本の領土であると定められました。しかし第二次世界大戦に日本が敗れた後、ソ連が北方四島も日本が放棄した千島列島の一部であるとして占領したのです。日本は、4島は千島列島に含まれないとの立場をとっていますが、ソ連が崩壊しロシアになった後も実効支配を続けています。これが北方領土問題です。

かつてモスクワの連邦議会、日本でいう国会であったことです。売店に地球儀が置かれていました。ロシアの連邦議会の議員が、その地球儀を何げなく見ていたら、北方領土が日本の色に塗ってあったのです。我が議会の売店で売っている地球儀がなぜこんなことになっているのか、と怒ります。その地球儀は、中国製でした。それ以来、中国製の地球儀が撤去されました。地球儀ひとつをとっても、どの国で作られたかで、国際的なトラブルに発展する可能性もあるのですね。

さあ、ところで、不思議だと思いませんか？　中国製の地球儀では、北方領土が日本の色になっているのです。中国とロシアは仲がいいから、中国はロシアの言い分を聞いて、北方領土はロシアの色に塗ってあるだろう。そう、普通考えるよね。私は中国で地図も買いましたが、やはり北方領土は日本の色に塗ってありました（地図⑲）。意外だよね。その理由を明かしましょう。

今でこそ中国とロシアは仲がいいですが、以前とても仲が悪かった時代があります。１９１７年のロシア革命によって社会主義国家となったソ連。中国も１９４９年に同じような社会主義国家としてスタートしました。ところが１９６０年代に入ると、両国関係に次第に亀裂が入ってきました。その原因となったのが、中国の核兵器開発でした。中国の毛沢東が、次第にソ連の言うことを聞かなく

地図⑲—中国で買った地図の北方領土は日本と同じ色に塗られていました。カラーでお見せできず残念ですが。

なってきた。もし、戦争になったら、中国はソ連に対して核ミサイルを使うだろう。そこで、ソ連はアメリカに対して密約を持ちかけます。「中国の核兵器の数が少ないうちに攻撃して破壊してしまおう」と。

当時は、大戦後の東西冷戦時代。東側諸国の代表であるソ連と西側の代表であるアメリカは、対立的な緊張関係にありました。ソ連の大胆な行動に、驚きながらもアメリカはある謀略をめぐらせます。ソ連が中国を恐れたように、アメリカも東側諸国の大国であるソ連と中国が組んで、アメリカに対抗することを恐れていた。だから、ソ連と中国を敵対させることができれば、アメリカにとって有利と考えたのです。アメリカ政府はソ連の提案は断りましたが、この話をすぐにニューヨーク・タイムズにリークしました。特ダネ記事の掲載に中国は驚きました。ソ連が中国に攻撃を仕掛けてくる可能性があるのですから。

これをきっかけに、中国とソ連は、決定的に対立することになりました。以来、中国とソ連の国境線では、両軍が衝突を繰り返し多数の死者が出る争いまで起きるようになったのです。ソ連も核ミサイルを保有していました。ソ連からの核攻撃を恐れた中国は、国内のいたるところに核シェルターとして巨大な地下都市をつくりました。その中でも有名な場所が、北京の天安門広場。ソ連から核ミサイルが飛んできても、市民が避難できるように、広大な広場よりもっと巨大な地下都市が、その地下に建設されているのです。

ここで国際情勢を理解するキーワードが見えてきます。それは、「敵の敵は味方」。中国はソ連包囲網をつくろうとし、ソ連は中国包囲網をつくろうと考える。ソ連にとって、中国は敵です。すると、中国と争いを繰り返しているインドは、ソ連にとっては味方だという論理になります。東西冷戦時代、インドの港にはいつもソ連の軍艦が停泊していました。

一方、中国はパキスタンを取りこみます。インドとパキスタン、この両国も何度も戦争をしています。インドにとって、パキスタンは敵。ということは、中国にとっては敵の敵だからパキスタンは味方ということになります。中国はパキスタンに対し軍事援助を続けました。そして強固なソ連包囲網を完成させるためには、北方領土問題でソ連と対立している日本を取りこむのが良策だと考えたのです。1991年にソ連が崩壊し、ロシアとなった現在、中国とロシアは仲よくなりました。一方、日本と中国は、あまり良好な関係ではありません。かといって、塗りかえるほどの問題だと考えなかったのでしょう。だから今も、中国の世界地図では、北方領土は日本の色のままになっているのです。

地図から北朝鮮の本心を読み解く

では、続いて北朝鮮の地図です（p56地図⑳）。北朝鮮はこれまで2回取材に行きましたが、

지 지 도

地図⑳—**北朝鮮の世界地図**

その北朝鮮で探し回って世界地図を買い求めてきました。これを見ると何がわかるのか。日本とアメリカだけ、色が塗ってありません。

Q 北朝鮮の世界地図で、日本とアメリカだけ色を塗っていないのはなぜでしょう？

――……？

ちょっと難しいかな。北朝鮮は、日本ともアメリカとも国交を結んでいません。国交を結んでいないということは、相手を国家として認めていない。だから地図には色をつけていないのです。

なぜ北朝鮮は、日本とアメリカだけ、国として認めていないとアピールしているのでしょうか？　拉致《らち》問題があるから、日本とは仲よくできない？　それもあるかもしれませんね。でも、私のように性格の悪いジャーナリストは、北朝鮮側にまったく逆の思惑を感じてしまうのです。

もともと北朝鮮は、第二次世界大戦後、ソ連によってつくられた国。後ろ盾であるソ連が崩壊してしまったため、経済的にも資源的にも困窮しています。世界の中で孤立しているといっても過言ではありません。だから、地図で無視している裏には、日本やアメリカとも国交を結びたくて仕方がないという、北朝鮮の本音が隠されているのではないか、というふうに読み解くのですね。

では、日本やアメリカの地図は、北朝鮮をどう扱っているのでしょう。北朝鮮と国交は結んでいませんが、北朝鮮という国があるのは明らかなわけですから、ちゃんと色を塗っています。

続いて、アメリカの世界地図を見てみましょう。現代の世界情勢を知る上で、最も重要な国といえば、アメリカです。世界中のいろんな問題に対して、アメリカが解決してやろうと口を挟んでくることから、世界の警察と揶揄《やゆ》されることもあります。強大な国家であることは間違いありませんが、アメリカの世界地図を見ると、世界の中心に存在する唯一無二の国こそアメリカだ、という印象を強く受けます（p60地図㉑）。この地図を見て育ったアメリカの子どもたちが「アメリカがあってこそ、世界がある」と考えるようになるのも無理はありません。

また、アメリカの世界地図を見ると、アメリカからはアジアよりもヨーロッパのほうがずっと近いことがよくわかります。そもそもアメリカは、ヨーロッパからの移民がつくった国。ニューヨークの観光名所ともなっている、自由の女神が見ているのはヨーロッパの方向なのです。松明《たいまつ》を掲げ、みなさん安全にこの新しい国に入ってくださいい、と迎えているのです。言い換えれば、自由の女神はアジアにお尻を向けているということにもなります。

2001年9月11日の同時多発テロの報復として、アメリカが行ったアフガニスタンとイラクへの攻撃。当時、ブッシュ大統領が指揮をとっていたわけですが、ブッシュ大統領の頭の中に入っていた世界地図は、この世界地図です。アフガニスタンとイラクは、地図の端のほうにあって、よくわからない地域。アフガニスタンがどこにあるか、イラクがどこにあるのか、よくわからないまま、ブッシュ大統領は戦争を始めてしまったのではないか。この地図からそんなことを考えてしまいます。

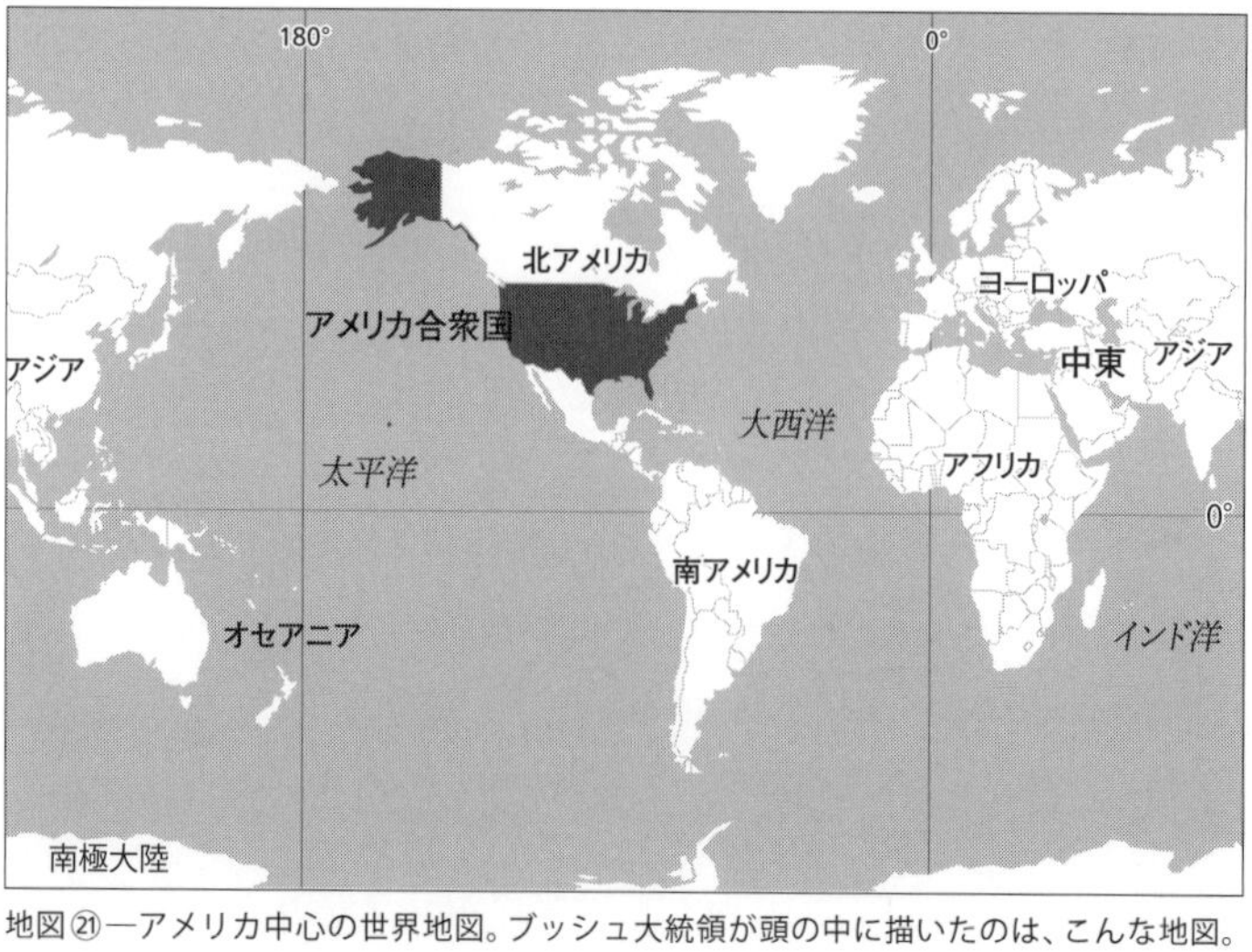

地図㉑—アメリカ中心の世界地図。ブッシュ大統領が頭の中に描いたのは、こんな地図。

常識を疑うことが大切

宇宙衛星が撮影した写真を張り合わせて作った世界地図を見ると、当たり前ですが、国境線はどこにもありません。私たち人間は、国と国の都合によって勝手に国境線を引いているのだ、ということを痛感します。国と国、民族と民族、そして宗教間の争いも、宇宙から見たら意味のないことなのです。

宇宙から見ると地球は、緑の地球と砂漠の地球にはっきり分かれます。南アメリカのアマゾン川流域は、緑一色です。サハラ砂漠を始めとした北アフリカには、ほとんど緑がありません。

サハラ砂漠のサハラという言葉は、もともと砂漠という意味です。ヨーロッパの人が来て、ここは何というところですかと聞いた。現地の人がここは砂漠（サハラ）ですと答えた。それで、サハラという地名だと勘違いをして、サハラ砂漠と名づけたそうです。だから、サハラ砂漠と呼ぶと、砂漠砂漠と重複しておかしな意味になるのです。

中国の内陸部にも広大な砂漠が広がっています。これが、いわゆる黄砂の原因。昔は、まだ中国に緑がたくさんあったので、黄砂も途中で遮られて、日本まで来ることはありませんでした。中国が近代化して開発が進んだ結果、砂を遮る緑がなくなって、日本列島まで黄砂が届くようになったのです。

環境問題は、世界の問題。国境線を越えて広がっていきます。国境に関係なく、全人類で取り組まなければいけない課題だということがわかります。

最後に、ドイツやオーストリアの子どもたちが実際に使っている学習用のデスクマットをご紹介します（p64地図㉒）。世界の国の様子がイラストで描かれています。日本を見ると、富士山、忍者、芸者、お相撲さん、そしてきのこ雲。現代のドイツやオーストリアですら、日本のイメージはこのレベルなのです。逆に私たちがドイツからイメージするものといえば、ビールやソーセージではないでしょうか。

この地図から学べることは、あの国はああいうものだというステレオタイプなものの見方をしないでほしいということです。たとえば、アフリカに行くといたるところにキリンやライオンなど野生動物がいると思いこんでいる人がいる。実際に、アフリカの人たちの多くは、キリンやライオンなどを見たことがないのです。また、アフリカというと、裸で暮らしているとイメージする人がいるかもしれません。しかし、ウガンダの首都カンパラという街では、交通渋滞は日常茶飯事。高層ビルも次々と建っている。何事も、実際に自分の目で見て、判断してほしいのです。

それは国だけではありません。人も同じ。「あの国の人は……」と十把《じっぱ》ひとからげにしないでほしいのです。どんな国にも、いろんな考え方の人がいる。それぞれの人と親しくなることによって、少しずつその国の素顔が見えてくるのです。

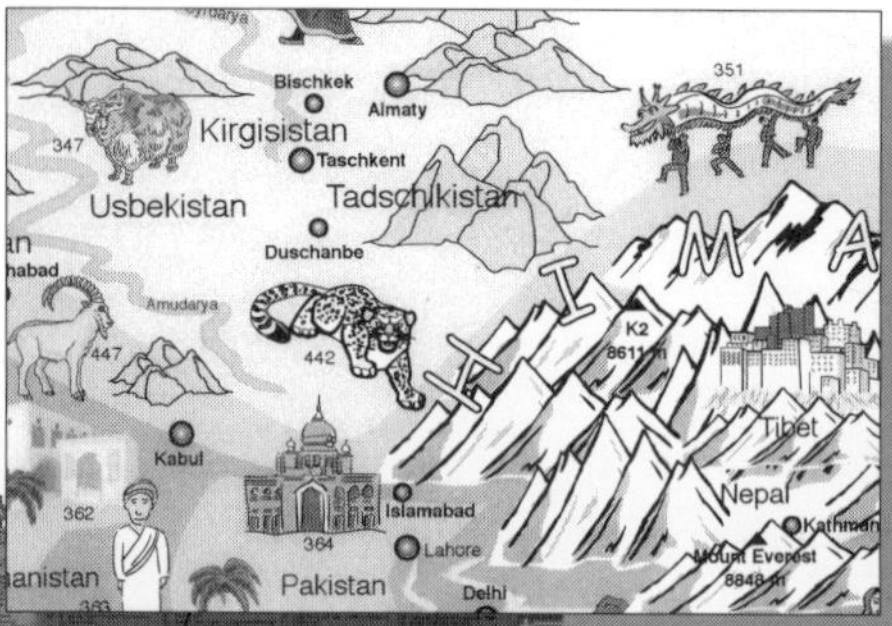

中国には龍の踊りが描かれ、チベットはポタラ宮、パキスタンはバッドシャヒモスクが。中央アジアに生息するユキヒョウの姿も。

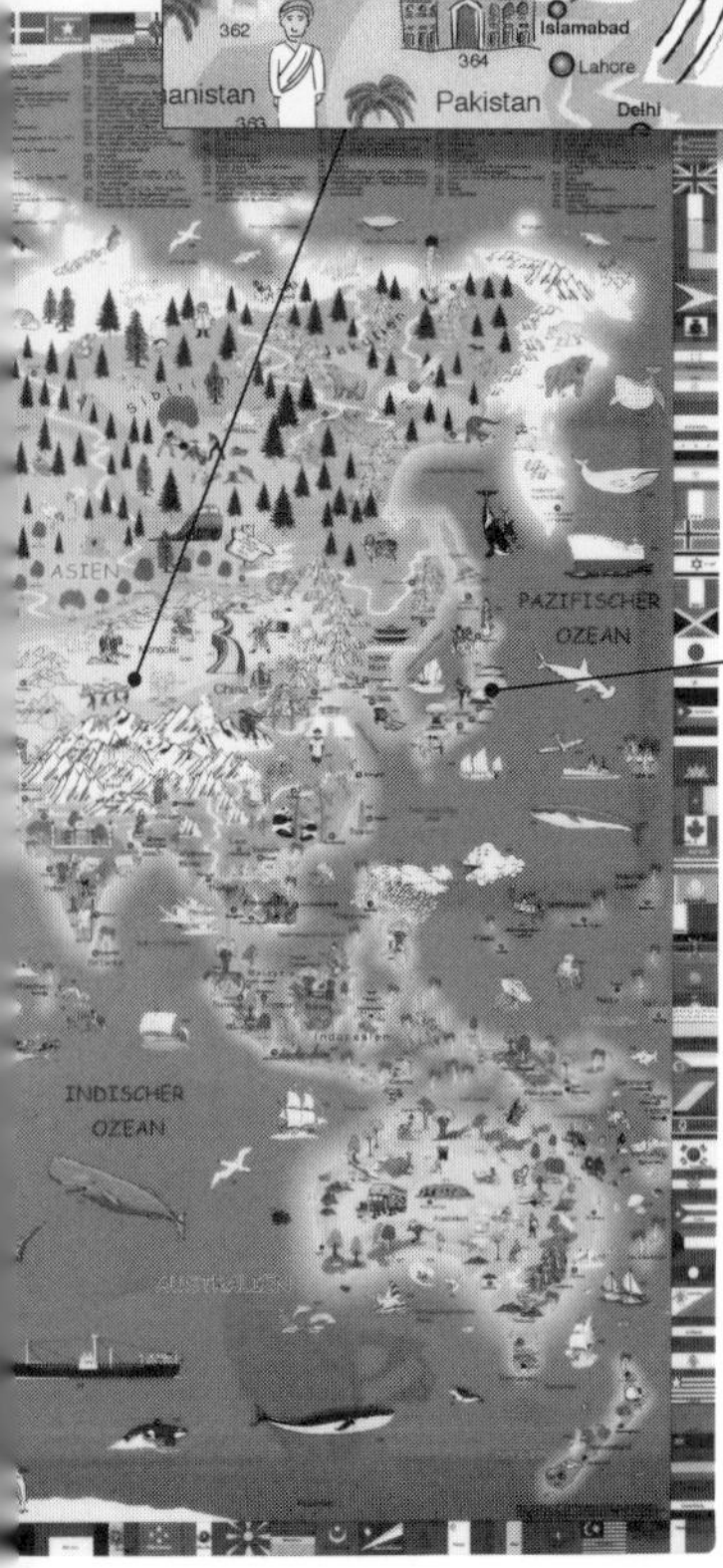

日本に描かれている絵は芸者や忍者、お相撲さんに富士山。

地図㉒—**ドイツやオーストリアで使用されている学習用デスクマット**

各国の絵を見ると、固定化されたイメージがいかに消えにくいかわかります。

イギリスはバッキンガム宮殿の衛兵にロンドンブリッジ。

ルーマニアのイメージはドラキュラ!?

サウジアラビアのあたりには空飛ぶ絨毯。

アフリカには野生動物が多数描かれている。

第１章の写真地図出典

地図⑧―― 中央地図文化社『표준 세계지도（標準世界地図）』

地図⑨―― 右：小学館『世界大アトラス』

左：Farook International Stationary『UAE MAP ENGLISH』

地図⑪―― 右：Rand McNally & Company『World』

地図⑫⑬―大輿出版社『中華民國全圖』

地図⑭⑮―大輿出版社『中國全圖』

地図⑯―― 中国地図出版社『中华人民共和国地图』

地図⑳―― 教育図書出版『세계정치지도（世界政治地図）』

地図㉒―― Verlag krüger & Schönhoff GbR『ILLUSTRIERTE WELTKARTE für Kinder und Erwachsene』

第2章
「お金」から見る世界

「お金」って、何だろう？

現在、世界を動かしている経済の中心にあるものは、何でしょう。そう、お金です。お金が嫌いだ、という人はあまりいないと思います。しかしバブル経済や、リーマンショックなど、時としてお金は、私たちが暮らす社会の背骨すら揺るがしてしまうこともあります。そもそも、お金とは何なのか？　まず初めに、根源的な質問から始めたいと思います。

Q 日本で流通している最も高額なお金は、1万円札です。では、なぜこれが1万円のお金として使えるのでしょうか？

――**みんなが、これはお金だという共通認識を持っているから。**

そうです。みんなが「お金」だと思っているから、「お金」だということです。でも、この答えは、「ただの紙切れが、なぜ1万円の価値を持つのか？」という質問に対する解答にはなっていません。なぜ冬は寒いのか？　という質問に、寒いから冬なのだと答えるのと同じ。論理学でいうトートロジー、同義反復にすぎません。

でも、「お金」とはそういうものなのです。みんなが「お金」は「お金」だという「共同幻想」を持っているから、「お金」としての価値を持っているのです。だから、日本国内では1万円の価値を持つ紙幣として通用します。ところが、たとえばアフリカのルワンダに日本の1万円札を持っていって、買い物をしようと思っても、誰も受け取ってくれない。彼らにとっては見たこともないただの紙切れにすぎないからです。逆に、日本国内のコンビニエンスストアで、ルワンダの紙幣を出しても、買い物はできない。考えてみると、不思議ですね。ある国では価値を持っているものが、違う国では単なる紙切れ……無価値なものになってしまうのですから。

そこで、私たちは単なる紙切れをなぜお金だと思っているのか。その秘密を探ってみようと思います。

「お金」は、こうして生まれた

お金が登場するはるか以前、古代においては、物々交換が行われていました。ところが、物々交換は想像以上に難しいものなのです。たとえば、海の漁師さん。毎日、魚ばかり食べていると飽きてしまいます。たまには肉が食べたいと思うよね。そこで、自分で獲った魚と交換にイノシシの肉を手に入れたいと考える。そのためには、イノシシの肉を持っていて、魚と交換したいと思っている人と、どこかで出会わなければならない。今ならSNSで交換してくれる人を探すという手もありますが、情報伝達の手段をほとんど持たない古代の人の場合、偶然に頼るしかない。万が一出会えたとしても、相手にその気がなかったら、交換することはできません。

そこで、みんなで一か所に集まって物々交換をすればいいというアイデアを出した人がいて、市《いち》が発生した。毎月2のつく日に開催されたところは、二日市、5のつく日のところは、五日市など、現在もその開催日が地名になって残っています。

物々交換をする場＝市ができて、さまざまな人々がいろんな物資を持って集まったとしても、互いに欲しいものを交換することは、そう簡単ではありません。そこで、「みんなが共通に欲しがるもの」にいったん交換しておいて、また別の機会に必要なものと交換するという仕組みが考えられました。

Q たとえば日本の場合、「みんなが共通にほしがるもの」とは何だったのでしょう？

――お米ですか。

そう、ひとつはお米だよね。日本の主食であるお米、つまり稲です。その日の市でイノシシの肉に出合えなくても、魚を稲に交換しておく。稲は保存しておくことができますから、別の日の市でイノシシの肉を見つけた時に、稲と交換してもらえばいいのです。当時、稲は「ネ」と発音されていました。この魚はどれだけの「ネ」になるか？　イノシシ肉は、どれだけの「ネ」で交換できるか？　というようなやりとりがされていたのでしょう。そこから現在の値段を表す「値」という言葉が生まれました。もうひとつ、「みんなが共通にほしがるもの」といえば、着物です。着物の材料となる布も物々交換の仲立ちに使われていました。紙幣の「幣」という字は、もともと布という意味です。

中国では、子安貝《こやすがい》という美しくて珍しい貝が、使われました。「貯」「財」「貴」「貧」「買」など、お金に関連する多くの漢字に貝が使われているのも、子安貝に由来するものです。しかし、貝だと壊れることもあります。日本式の稲だと大量に運ぶのが困難です。そこで持ち運びが簡単で、壊れたり腐ったりしないもの。しかもみんなが共通にほしいと思うようなものはないかと考えたのでしょう。それが、希少品で美しく素材自体に価値があった、金、銀、銅だったのです。金、銀、銅で硬貨がつくられ、「お金」が誕生しました。

ただの紙切れが「お金」になった理由とは？

それで万事解決かというと、そうでもなかったのです。金、銀、銅はみんながほしがる価値のあるものです。たくさんのお金を持って移動していると、途中で強盗に遭うかもしれません。そこで両替商が誕生しました。お金を預けても大丈夫な人というと、大金持ちです。もともとたくさんお金を持っているので、他人のお金を盗む必要がない。信用があるわけです。お金持ちのところに自分の金貨を持っていく。すると、「確かに金を預かりました」という、預かり証を書いてくれます。この預かり証を持っていれば、いつでもそこへ持っていくと、また金貨と交換してくれる。当然、手数料は取られますが、万一強盗に遭っても安心です。

この預り証は、ただの紙切れですが、両替商のところに持っていくと金と交換できる保証があります。やがて、預り証をお金のかわりに使って取引が行われるようになりました。これが銀行の始まりであり、紙幣の始まりです。

このように、銀行がいつでも金と交換してあげますと約束したお札を、兌換《だかん》紙幣といいます。日本でも1882年に日本銀行が設立され、1885年から日本銀行券が発行され始めました。当然、日本銀行には、発行した紙幣と交換できるだけの膨大な量の金塊（当初は銀と交換する銀本位制。１８９７年より金本位制に変更）が保管されていました。

ところが、急速に経済が発展して、どんどんお金を発行する必要が出てきた。しかし、日本銀行が保有している金の量は限られています。金と交換できる量のお札しか発行できないということになると、経済の発展に影響が出てくるわけです。

太平洋戦争突入直後の１９４２年、日本政府は日本銀行が保有している金の量に関係なくお札を発行できるようにしました。これが、不換紙幣です。現在の日本銀行券である紙幣をよくご覧ください。どこにも「金と交換できます」とは書いていません。金と交換できないということは、極論すればただの紙です。しかし、私たちは日本銀行を信用しているので、これを「お金」として使っているのです。

さらに日本の場合は、日本銀行券はお金として日本中どこでも通用すると法律でも定められています。日本銀行の信用と法律によって、金の裏付けのないただの紙が「お金」として価値を持っているのです。

お札から見えてくる、その国の事情

北アフリカにソマリアという国があります。私も、ソマリアの50シリング札を持っていますが、まるで使われた形跡のないきれいなお札です。ソマリアでは1991年に内戦が勃発し、無政府状態に陥りました。そんな政府を信用するものはいなくなり、ソマリア中央銀行が発行したお札はソマリアでは一度も使われないままになりました。

また、同じくアフリカのリビアという国は、カダフィという独裁者が支配していました。このお札には、カダフィの絵が描かれていました（写真①）。ところが、「アラブの春」（p220参照）をきっかけに、2011年カダフィは殺害されました。リビアの国民は、独裁者

写真①―カダフィの肖像が描かれたリビアの紙幣｜©alamy/PPS通信社

カダフィの顔など二度と見たくない。しかし、お札にはカダフィの顔が描かれています。

Qリビアの国民は、大嫌いなカダフィの肖像が描かれている紙幣をどうしたのでしょう？

実は、カダフィの顔を塗りつぶして、お札として使ったのです。日本のお札でこれをやると、通貨変造罪になり逮捕されます。リビアでは、お札を使う国民が勝手にカダフィの顔を塗りつぶしましたが、同様のことを国家的に行った国もあります。

それが、イランです。１９７９年まで続いた王国時代には、パーレビ国王が専制政治を行っていました。当時のイランのお札には、パーレビ国王の肖像画が描かれていました。しかし、国王の専制支配に反対する国民が起こしたイラン・イスラム革命の結果、パーレビ国王は追放されます。新しい国、イラン・イスラム共和国ができましたが、新しいお札ができるまでの間、王国時代のお札を使うしかありません。中央銀行はパーレビ国王の顔を塗りつぶしたお札を新たに印刷して、とりあえずこれを使っていたのです。

極端な例ですが、原始共産制の理想に燃えてお金を廃止してしまった国もあります。それがポルポト政権時代（１９７５〜79年）のカンボジアです。お金があるから、貧富の差が生まれる。お金があるから、人々は不幸になる。お金をなくしてしまえば、貧富の差がなくなり、幸せになれるという理想に燃えたのです。

お金は、ただの紙くずになりました。紙くずになっても、もともとはお金ですから捨てるのはもったいないと考えた人がいたのでしょう。世界遺産のアンコール・ワットが描かれたお札を貼り合わせて、紙袋をつくった例もあります。

お金をなくした結果、カンボジアはどうなったと思いますか？　理想とは正反対、極貧の国になりました。さらに、ポルポト派の恐怖政治によって、何百万人もの国民が虐殺されるという悲劇も起こりました。あっても、なくても争いが起こる。お金とは何か。その本質を考えさせられる出来事でした。

物価が急激に上がり、相対的にお金の価値がなくなっていくことを、インフレといいます。アフリカのジンバブエでは、今世紀初頭に大変なインフレが起きました。紙幣の価値が10分の1、100分の1、1000分の1とどんどん減っていく。それに対応して、政府は高額の紙幣を発行します。最終的には、100兆ジンバブエ・ドル紙幣というものまで、つくられました。しかし、これ1枚でも、何も買えません。100兆ジンバブエ・ドルのお札を山のように腕に抱えて、パン1斤をやっと買えるような状態になったのです。

国民は、まったく自国の紙幣を信用しなくなりました。そんな状態で、国民がまともな生活ができるわけはありません。ところが、現在、ジンバブエはインフレを抑えることに成功しています。

Qジンバブエは、どうやってインフレから脱出することに成功したのでしょう？

——ほかの国から紙幣を輸入する。

どこの国の紙幣？

——アメリカ。

アメリカのドルね。正解です。アメリカ・ドルは世界の基軸通貨として絶対的な信用を持っています。そしてもうひとつ、ジンバブエの隣国の南アフリカの通貨ランドを輸入して使用することにしたのです。南アフリカも急速な経済発展を遂げ、世界経済の中で重要なポジションを占めています。つまり、インフレでコントロールできなくなった自国の通貨を放棄して、アメリカのドルと南アフリカのランドを代わりに使うことにしたのです。世界的に安定した価値を持つ通貨を輸入したことで、国民のお金に対する信用が一挙に回復し、インフレから脱却することができました。ジンバブエの例からも、お金の価値は信用によって成り立っていることがわかるでしょう。

1ドル＝1円から、1ドル＝360円へ

明治の初め、開国した日本はアメリカと貿易をすることになりました。そこで、日本のお金（円）とアメリカのお金（ドル）を、どうやってやりとりするか。いわゆる、交換レートを決める必要が出てきました。

当時はまだ、日米両国とも金本位制。銀行に保管してある金と紙幣を交換できる、兌換紙幣の時代です。この時、日本の1円と交換できる金の量と、アメリカの1ドルと交換できる金の量が、偶然にもほぼ同じでした。明治初期、1ドル＝1円のレートで、日米間の商取引が行われるようになったのです。

ところがその後、日本は、日清戦争、日露戦争と戦争の泥沼に入っていきます。お金を使い果たし日本は弱体化していきます。そして、無謀にも太平洋戦争に突入。経済的にも軍事的にも超大国となっていたアメリカとの戦争です。日本は敗れ、アメリカ軍が日本を占領しました。占領下で、日米貿易が再開されることになりました。

そこで、ドル・円の交換レートをいくらにするかという問題が起こります。明治時代は1ドル＝1円でした。度重なる戦争と敗戦によってインフレが起こり、日本の通貨である

円の価値は、急激に下落しています。アメリカの調査団が日本の経済力を調査した結果、1ドル＝360円になりました。

余談ですが、田中角栄が大蔵大臣（現在の財務大臣）だった頃、「円の内角の和は何度だ。360度だ。だから、1ドルは360円なんだ」と言って、みんなが、思わず納得したという逸話が残っています。もちろん、そんな安易な決め方をするはずがありませんね。改めて質問です。

Qアメリカが1ドル＝360円と決めた背景には、どんな思惑があったのでしょう？

――……？


アメリカの調査の結果、1ドル＝300円を基準に上下1割程度、270円から330円の間で調整するのが妥当だという結論になりました。ところが、日本経済を復興させようと考えたアメリカは、意図的に1ドル＝360円という円安の交換レートに設定したのです。

たとえば、日本製テレビが3万6000円だとして、1ドル360円だったらアメリカでは定価100ドルですが、1ドル300円になったら定価120ドルに値上がりしてしまいます。どちらが売れるかといえば、安いほうが売れるはずですから、前のほうですね。つまり、日本が輸出して貿易で儲けるためには、円安のほうが都合がよかったのです。アメリカの円安政策によって、戦後の日本経済はどんどん発展したのです。

では、アメリカが自国の製造業にとってあえて不利な交換レートに設定してまで、日本の経済復興を後押ししたのはなぜでしょう。

当時は、まさに東西冷戦時代。ソ連を中心とする東側の社会主義諸国とアメリカを中心とする西側の資本主義諸国が対立していました。といっても、実際に争っていたわけではなく、世界の中で主導権をとるべくにらみ合っていたのです。

日本の周りを見ると、ソ連の影響下にあった北朝鮮や中国など社会主義国が並んでいます。アメリカは、東アジアの国々がソ連側につく、つまり社会主義国となることを危惧したのですね。

だから、日本をショーケースとして、資本主義にするとこんなに素晴らしい発展が遂げられるんですよ。アメリカの仲間になっていると、日本のようにぐんぐん経済が成長するんですよ、とアピールしたかったのです。

世界経済は、アメリカ・ドルを中心に回る

現在、世界の実質的な基軸通貨、つまり中心となる「お金」は、アメリカ・ドルです。各国の通貨の交換レートは、アメリカ・ドルを基準にして決められています。

ではなぜ、アメリカ・ドルが、これほど力を持つようになったのでしょう。19世紀から20世紀初頭にかけて、圧倒的な経済力を誇っていたのはイギリスでした。第二次世界大戦前までは、長らくイギリス・ポンドが基軸通貨の地位を保っていました。

しかし、第二次世界大戦で、イギリス本土もドイツ軍の激しい空襲を受けました。戦勝国ながら国土は傷み、経済力も低下してしまったのです。一方アメリカ本土は、参戦した国の中で、唯一戦場にならなかったのです。

第二次世界大戦終結後の世界経済を復興させるため、経済力の低下したイギリスのポンドにかわる新しい基軸通貨が必要だと、世界会議が開かれました。この会議はアメリカからの提案で、太平洋戦争中の１９４４年に開催されました。いかにアメリカに余裕があったかということがわかります。

この会議の場で、イギリスは世界共通の新しい通貨をつくることを提案。アメリカは自

国のドルを基軸通貨とすることを主張し、真っ向から対立しました。結果、経済力の勝るアメリカの提案が採択されました。これで、世界の基軸通貨はドルに決まりました。アメリカ以外の国の通貨は、すべてドルに対して交換レートが固定されました。イギリスのポンドもフランスのフランも、1ドルに対していくらと決められたのです。これが固定相場制です。この体制は、会議が開催されたアメリカ、ニューハンプシャー州の町の名前にちなんで、ブレトンウッズ体制と呼ばれています。

世界の国々は、アメリカ・ドルをどうして信用したのでしょうか。アメリカは、戦争によってたくさんの金《きん》を蓄えていました。そこで、世界の国々に対して、アメリカ・ドルを持ってくれれば、いつでも金と換えてあげますと保証したのです。ブレトンウッズで決められた金とドルの交換相場は「1オンス＝35ドル」でした。

そのためには、世界中に流通するドルと同等の金を国内に保有していなければなりません。ところが、アメリカは第二次世界大戦後、焼け野原になったヨーロッパ復興のために行った膨大な支援をはじめ、東西冷戦下のソ連との対立の中で、朝鮮戦争やベトナム戦争にも参戦し、多額のお金を使いました。次第に、世界中にアメリカ・ドルがあふれるようになっていきます。

そうすると、世界の国々は、自国が保有するドルを金に換えてほしいと言った時、アメリカは本当に金と換えてくれるのだろうかと、だんだん不安になってくる。もしも金と換えてくれなければ、ドル紙幣はただの紙屑です。

イギリスやフランスが大量のドルをアメリカに持ちこみ、金と交換し始めました。アメリカ国内に保有していた金の量はあっという間に減少。1949年には245億ドル相当保有していた金が、1970年には111億ドルにまで減ってしまいました。

「お金」に対する信用の裏付けがなくなった

Q 自国の金の保有量をこれ以上減少させないため、アメリカはどんな作戦をとったのでしょう？

――もう、金と換えない……。できればですけど。

やったんだなぁ、これが。1972年アメリカのニクソン大統領は、突然全世界に向けてとんでもない宣言を出します。「アメリカのドルは、もう金と交換しない」と居直ってしまったのです。これをニクソン・ショックといいます。大量のドルを世界中にばらまいた結果、アメリカ国内よりも国外にある金の量のほうが多くなりました。もし、世界中のドルを「金に換えてください」と持ってこられても、金を払うことができなくなってしまったのです。

いつでも金と交換できるからアメリカのドルを持っていたのに、ただの紙切れになってしまいました。世界の国々は困りました。困ったけれど、ドルのほかに世界のお金として通用するものがない。仕方なく、ニクソン・ショック以降も、アメリカのドルを世界のお金として使うようになりました。

しかし、アメリカのドルに対する信用が失われてしまったために、世界のお金事情は一変しました。それまでは、「1オンス＝35ドル」で金と交換できるというドルの価値を基準に1ドルいくらと決まっていました。日本の場合は1ドル360円でした。ところが、基準であるドルの価値自体が決められなくなったのです。そして、現在も続く変動相場制になりました。

たとえばドルと円を交換しようとした時、それぞれの国の経済力によって交換レートが変わるようになったのです。変動相場制に移行して、円高や円安という言葉が生まれました。固定相場制の時代には1ドル＝360円で固定されていた交換レートが、300円になり、240円になり、200円になり、120円になり、バブル経済時代には一時79円まで円高になったこともあります。

ここで、何をもって円高とか円安というのか、疑問に思った人がいるかもしれません。

簡単にいえば、ドルに対して円の価値が上がるか下がるかということ。対ドルの交換レートが、前の日に比べて下がれば円安、上がれば円高。つまり、前日1ドル＝100円だったものが今日は95円になると、5円の円高だと表現されるのです。

そして、「お金」自体が商品になった

常にお金の価値が変動するようになると、その仕組みを利用して、金儲けをしようとする人たちが出てきます。商売で利益を出す基本は、「安く買って、高く売る」。これはお金の世界でも同じです。たとえば、1ドルが80円の時に円からドルに交換して、1ドルが100円になった時にドルから円に戻す。そうすると20円儲かります。1ドルだと大した金額ではありませんが、仮に1億ドル持っていたとすると、20億円の儲けです。ドルと円を交換する、ただそれだけで20億円の利益が出るのです。ただし、逆になると、多額の損をすることもあります。

そうすると、海外貿易をしている人は困ります。たとえば、日本からアメリカへ商品を輸出している人のことを考えてみましょう。1ドル100円の時に100億円分の商品を、販売することを契約したとします。売上は、1億ドル。しかし、実際にそのお金が入って

くる1年後に、円高になっているとどんなことが起こるでしょう。1ドル＝80円だと、80億円。20億円の損失になります。これでは、安心して貿易ができません。

Q 君たちがどこかの輸出会社に勤めているとしましょう。アメリカの会社と、商品を1億ドルで売る契約が成立しました。1年後には1億ドルが入ってきます。でも、その時にドルと円の値段が変わっていたら困る。円高や円安のリスクを回避しながら貿易を行うにはどうすればいいでしょう？

——アメリカでつくって、アメリカで売ればいいと思います。

手数料		権利の行使の有無		入金額
1億円	＋	権利を行使（損失0円）	＝	99億円

● オプション取引会社が差益分の20億円を負担する
（手数料分の1億円があるので実際には19億円）

手数料		権利の行使の有無		入金額
1億円	＋	権利を行使しない	＝	119億円

●オプション取引会社は手数料分をまる儲け

なるほど、そうか。でも、日本の商品を売りますと約束した時には、日本でつくったものなんだよ。日本でつくったものをアメリカに売る、という約束をしたわけです。その場合、どうしたらいいだろうか？

——**1億ドルを借金して円に換えておいて、その後、入ってきた1億ドルを返す。**

それは、円高になった時の対応策としてはいいよね。でも、円安になったら困ってしまう。惜しかったな。円高になっても円安になってもうまくやる方法がないだろうか？

——……。

さあ、ここで、円高や円安によって起こるリスクをビジネスにする会社が出てくるわけです。たとえばこの場合だと、1年後に1ドル＝100円で1億ドル分＝100億円と交

図表①—**オプション取引の仕組み**

〈前提〉
日本の貿易会社がアメリカの会社に商品を1億ドルで売る契約が成立。このとき**1ドル=100円**。1年後、入金される際に為替レートに変動なければ100億円の収入だが、変動があることを考慮して、オプション取引を導入。手数料1億円をオプション取引の会社に支払う。

オプション取引を導入しなかった場合の為替差益

1年後の為替レートが 1ドル=**80円（円高）**の時	**収入は80億円で20億円の損失**
1年後の為替レートが 1ドル=**120円（円安）**の時	**収入は120億円で20億円余計に儲かる**

換する権利を1億円で売りますというビジネスが始まったのです。これを、「オプション取引」（p86図表①）といいます。オプションとは、選択するという意味です。

1年後1ドル＝80円になっていたとしても、1ドル＝100円で交換できる権利を使えば、20億円の損は出ません。これを「オプションを行使する」といいます。実際は、手数料として1億円支払っているので99億円しか入金されませんが、20億円損するはずの取引が1億円の損ですむというわけです。

では、円安になった場合のことを考えてみましょう。1年後に1ドル＝120円になっていたら、1億ドル＝120億円。しかし1ドル＝100円で交換できる権利を使うと20億円余計に儲かるはずだったものがなくなります。その場合は、「オプションを行使しない」という選択もできるのです。オプション取引の会社は、あらかじめ1億円の手数料をもらっているので、損はありません。貿易会社にも119億円入ってきます。

オプションを売り買いする会社が出てくると、この会社にもまたリスクが発生します。先ほどの例だと、円安になったらまる儲けですが、円高になったら損が出る。すると、今度はそのオプション会社が、1ドル＝100円で交換する権利、そのオプション自体を引き受ける会社が出てきました。オプション取引のまたオプションが登場するのです。そういうふうにして、いろんな取引が派生する。これを総称して派生取引、デリバティブ取引といいます。ドルと円が上がったり下がったりするのを利用して儲けよう、貿易で損害が出ないようにリスクを減らす仕組みの中で、新しいビジネスが生まれ、そのビジネスを使った、さらにまた別のビジネスというのが次々に生まれてきた。それが現代の金融ビジネスなのです。

それまで商品を売ることでお金を儲けていたのが、お金自体を売り買いすることで儲けることができるようになってしまった。そうすると、すごく難しい問題が起こります。

たとえば、日本ではあまり景気がよくなくて、日銀がどんどん金利を下げる。銀行に預金してもほとんど利息がつきません。利息がほとんどつかないということは、逆に銀行からお金を借りた場合にも利子をたくさん払わなくていいということなのです。そうすると、利子の安い日本でたくさんのお金を借りて、利子の高い外国の通貨、たとえばインドのルピーや南アフリカのランドに交換して外国でお金儲けをしようという人が出てくる。日本の景気をよくしようとして金利を下げたのに、そのお金がみんな海外に出ていく。結果として、日本の景気は少しもよくならない。グローバル時代になって、そういう矛盾も起きています。

平和への願いが生んだ通貨

Q ここまでアメリカのドルを中心にお金の話をしてきたけれど、もうひとつ忘れてはいけない通貨があります。

――イギリスのポンド？

確かに、第二次世界大戦を契機にアメリカのドルが世界のお金になるまでは、世界のお金といえばイギリスのポンドでしたね。でも、もっと多くの国々で使われている通貨があるでしょう？

――ユーロです！

そうだね。ヨーロッパ各国で使われているユーロのことについて、ここからお話ししようと思います。君たちにとっては、ユーロという通貨はもう当たり前のものになっているかもしれないけれど、ヨーロッパの各国は、長い間それぞれ自国の通貨を使ってきました。ドイツはマルク。フランスはフラン。イタリアはリラ。スペインはペセタ。オランダはギルダー。それぞれ自国の通貨を持っていたのに、なぜユーロという共通の通貨を使うようになったのでしょう。その根底には、平和への強い願いがありました。

第二次世界大戦が終わった後、主戦場となったヨーロッパ諸国には無残な傷跡が残り、廃墟が広がっていました。わずか50年足らずの間に、２度も大きな戦争を経験したヨーロッパ。経済も産業も疲弊し、まさに身も心もボロボロでした。ヨーロッパ各国の間で、もう二度と戦争はしない。戦争を起こさない仕組みをつくろうという動きが広がっていきました。

戦争が起こる原因は何か？　それは、国境があるからだ。国境をなくせば、戦争は起こらなくなる。そのためには、ヨーロッパをひとつの「国」にすればいい。そんな理想を実現すべく、まず資源と産業の共同管理を始めます。それが１９５２年に発足した「欧州石炭鉄鋼共同体（ＥＣＳＣ）」です。フランス、西ドイツ、イタリア、ベルギー、オランダ、ルクセンブルクの６か国が参加しました。

そして１９５８年に「欧州経済共同体（ＥＥＣ）」と「欧州原子力共同体（ＥＵＲＡＴＯＭ）」が発足。１９６７年にＥＣＳＣとＥＥＣ、ＥＵＲＡＴＯＭが統合されて「欧州共同体（ＥＣ）」が誕生します。この時点での加盟国は、まだ先の６か国だけでした。

その後、１９７３年に、イギリス、デンマーク、アイルランドが加盟。１９８０年代になるとギリシャ、スペイン、ポルトガルも加わり12か国となり、１９９３年に「欧州連合（ＥＵ）」が発足します。２０１５年時点で、ＥＵ加盟国は28か国に拡大（p92地図㉓）。ヨー地図㉓―EU加盟国は28か国です(2015年9月現在)。

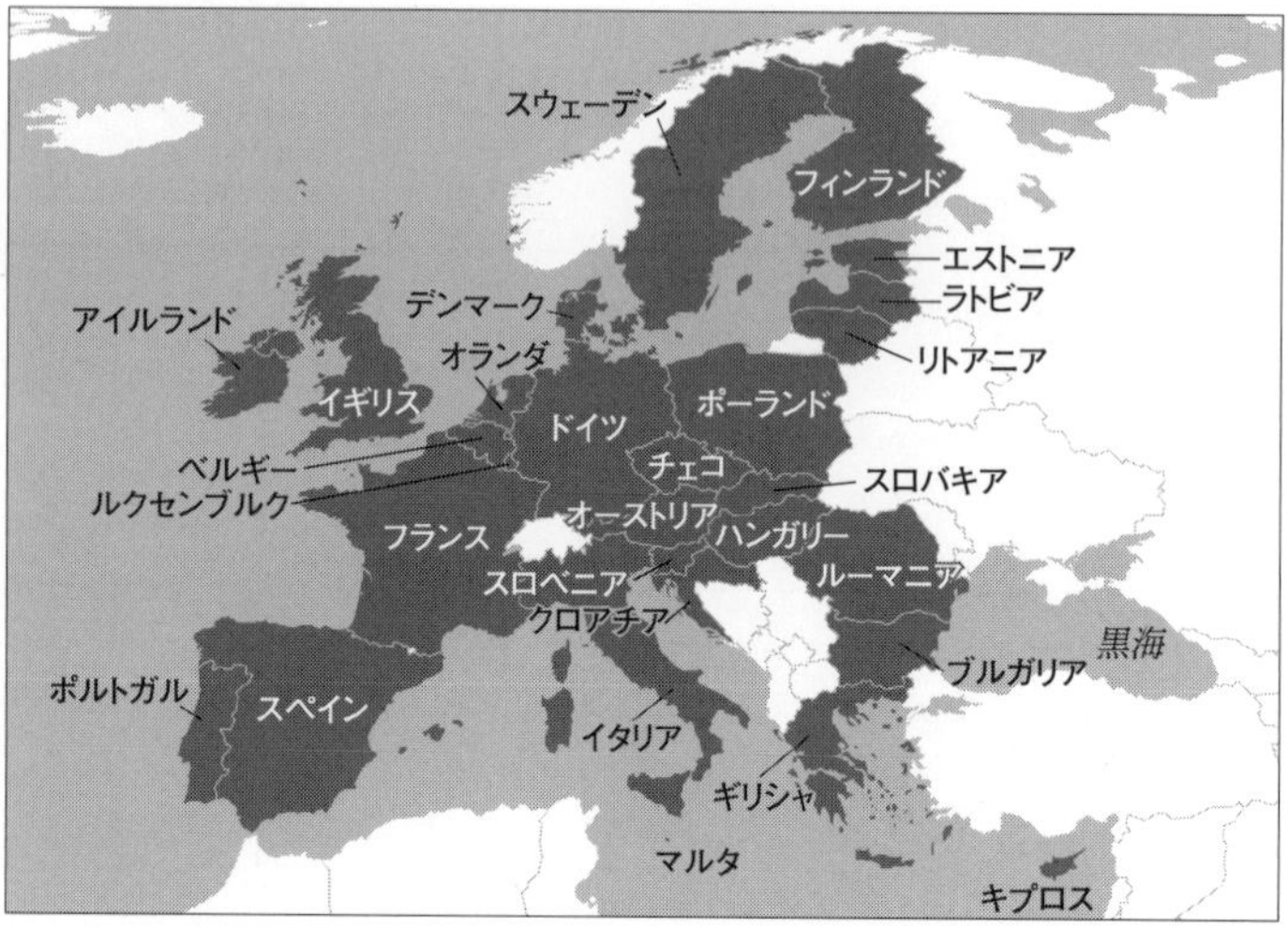

図表②―ヨーロッパにおけるユーロ採用状況(2015年9月現在)

EU加盟国でユーロを導入していない国(9か国)

イギリス
スウェーデン
デンマーク
ポーランド
チェコ
ハンガリー
ルーマニア
ブルガリア
クロアチア

EU加盟国でユーロを導入している国(19か国)

ポルトガル　スペイン
フランス　イタリア
マルタ　キプロス
ギリシャ　アイルランド
オランダ　ベルギー
ルクセンブルク
ドイツ　オーストリア
スロバキア　スロベニア
フィンランド　エストニア
リトアニア　ラトビア

EUには加盟していないがユーロを導入している国(6か国)

サンマリノ
バチカン
アンドラ
モナコ
コソボ
モンテネグロ

ロッパは、文字通りひとつの「国」となっていきます。ヨーロッパを国境のないひとつの「国」へ。戦争をきっかけに始まったこの取り組みは、世界平和への貢献が認められ、EUは2012年のノーベル平和賞を受賞しました。

EU加盟国が増えることによって、ヨーロッパの経済は一体化の道を進みます。しかし加盟各国の通貨はバラバラのままです。EU内での関税はなくても、為替手数料は発生しますし、外国為替相場の変動にも影響を受けます。これでは、ひとつの「国」とはいえません。

そこで誕生したのが共通通貨「ユーロ」です。2002年1月から使用が開始されました。各国が同じ通貨を使うことで、経済上の国境もなくなったわけです。

ユーロ紙幣はドイツ・フランクフルトにある欧州中央銀行（ECB）が発行し、硬貨は各国が製造・発行しています。ユーロ硬貨の表面《おもて》は共通で、裏面は各国独自のデザインになっています（p94写真②）。もし、ユーロ圏を旅行する機会があれば、各国を巡って硬貨の裏面を見比べてみてください。

ところで、現在EU加盟国がすべてユーロを使っているわけではありません。イギリスなどは参加しておらず、2015年現在EU加盟国28か国中ユーロを採用しているのは19か国にとどまっています。また、EU加盟国以外でもユーロを導入する国もあり、ヨーロ

写真②―ユーロ硬貨の裏面はデザインが各国異なります。お国柄がうかがえます。｜出典:ECB

2ユーロ	1ユーロ	10セント	5セント

表（各国共通）

裏（各国独自のデザイン。ただし12個の星を入れることが共通条件）

イタリア

2ユーロ	1ユーロ	10セント	5セント
ラファエロが描いたダンテの肖像	レオナルド・ダ・ヴィンチが描いた人体均衡	ボッティチェリの『ヴィーナスの誕生』	古代ローマの円形競技場『コロッセオ』

フランス

2ユーロ・1ユーロ	10セント	5セント
命・連続・成長を象徴する「木」とフランスのモットー「自由・平等・博愛」の文字をデザイン	フランスの伝統的なテーマ「種まき」図	フランスを象徴する女性像マリアンヌに、ヨーロッパの安定と永続性を具現化した

ドイツ

2ユーロ・1ユーロ	10セント	5セント
ドイツの伝統的な国章、鷲	東西ドイツ統一の象徴ブランデンブルク門。ヨーロッパの統一の意味を込めた	旧ドイツの貨幣に使用されていたモティーフ、樫（オーク）の小枝

ギリシャ

2ユーロ	1ユーロ	10セント	5セント
ギリシャ神話に登場する姫エウロペ。「ヨーロッパ」の語源	紀元前5世紀のドラグマ硬貨に刻まれていたフクロウ	オスマン帝国下の詩人リガス・フェレオス。市民への啓蒙活動に努めた	ギリシャ海運の革新性を示す現代のタンカー

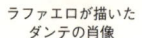

ッパでは合わせて25か国がユーロを使用しています（P92図表②）。

共通通貨の弱点とは？

こうしてユーロ経済圏は拡大していき、アメリカ・ドルに対抗しうる力を持つようになりました。しかし、理想的に見えるユーロにも、大きな弱点がありました。

ＥＵというひとつの「国」にまとまっているとはいっても、ヨーロッパ各国はそれぞれ別の国家です。ＥＵの金融政策を行うのはＥＣＢ。一方で、財政政策は各国が行います。金融政策と財政政策が別々になっているのです。

そうすると、どういうことが起こるのか。たとえば、スペインの経済が不況になったとします。スペインはＥＣＢに掛け合って金利を引き下げてもらおうとします。お金を借りやすくすることが景気回復につながるからです。ところが同じ時期、ドイツは好景気だとします。ユーロは共通通貨ですから、ＥＣＢがスペインの要求を聞いて金利を引き下げると、ドイツでも金利が下がります。好景気下での低金利政策は、景気の過熱につながり、バブル経済やインフレを引き起こす原因となります。ドイツは、スペインとは逆に金利の引き上げを望むでしょう。

通貨は共通でも、各国の経済状況は好不調まちまちです。その中でバランスを取りながら、ヨーロッパ全体の金利水準を決めることは、非常に困難な作業なのです。このように金利水準の決定をはじめとする金融政策が一本化されたことが財政基盤の弱い国の赤字を拡大させ、２０１１年から２０１３年にかけてユーロ危機を引き起こしました。

その最大の原因となったのがギリシャです。２００９年に政権交代したら、旧政権が隠してきた、国家としての粉飾決算が明るみに出ました。それまでギリシャの借金はＧＤＰの４％程度だと公表されていました。しかし、新政権が調べたところ13％近くもあることがわかったのです。その後、ＥＵが調べなおしてみると、またどんどん借金が増えていく。国が嘘をついていたのです。

ギリシャの信用はなくなり、格付け会社がギリシャ国債の格付けを下げました。信用が低いということはどういうことか。つまり、ギリシャ国債を買っても、将来お金が返ってこない危険性が高いですよ、という警告が出されたわけです。

国債というのは、国の借金のことです。将来これだけの金利をつけて返済するから、先にお金を貸してくださいという権利を売り買いするわけです。ギリシャは、国内にお金がありません。だから、国債を発行して、他国からお金を借りて国を運営しようとしたのです。

しかし、ギリシャの国債の場合30％以上の金利をつけないと買ってくれる国が出てこなくなりました。30％の金利というと2年半くらいで、借りたお金の倍の金額を返さないといけません。もともと大赤字の国です。返せるはずはありません。危険を冒してまで、ギリシャの国債を買おうという国はなくなりました。結果として、ギリシャは財政破綻の危機に陥りました。

ギリシャは共通通貨のユーロを使っています。ギリシャの経済破綻は、当然ユーロの信用もなくします。ドルや円に対して、ユーロがどんどん安くなっていくわけです。それでは、経済が安定しているほかの国は困ります。そこでユーロ圏の中でも力のある、ドイツやフランスが中心となって、ギリシャ救済に向けて動いています。

ユーロを導入していないイギリスは、ユーロ危機の影響は受けませんでした。経済が好調なドイツでは、一生懸命働いている自分たちのお金で、なぜ働かないギリシャを応援しなければいけないんだ、という声も上がっています。

多くの国が集まったおかげでユーロ経済圏という大きな力を持つ一方で、それぞれの国の利害に一致しない通貨でもある。ここが、共通通貨の難しいところだといえます。今はまだ、ヨーロッパをひとつの「国」に、という大きな理想に向けて一進一退が繰り返されているように見えます。

実体を持たない仮想通貨が登場した

ここで、この章のいちばん初めに考えた「お金って、何だろう?」を思い出してください。お金は、なぜお金として価値を持っているのか? それは、みんなが「お金」は「お金」だと思っているから。つまり、お金の価値は「共同幻想」によって保たれているのだということを学びました。

お金が「共同幻想」であるならば、実体としての紙幣や貨幣がなくてもいいのではないか。目の前に実物のお金がなくてもいいのではないか。そう考えられて登場したのが仮想通貨(バーチャル・マネー)です。

仮想通貨の代表的な例が、ビットコインです。コンピュータが処理する情報の最小単位「ビット」と硬貨の「コイン」をくっつけた名前で、インターネットの世界に存在する仮想通貨です。

ビットコインは、2008年頃に「サトシ・ナカモト」という日本人のような名前を名乗る人が、ネット上に公表した理論がもとになっています。

その大きな特徴は、国家の中央銀行のような信用機関が存在しないということです。ビットコインの信用を担保する機関がないのに、お金として価値を持てるのか。

ビットコインは、実際のお金でなくコンピュータ上のデータがお金の代わりをします。印刷をしなくていいわけで、簡単に発行できるわけです。しかし、お金の価値は、需要と供給のバランスで決まります。ほしい人が多いと価値は高くなるし、いらないよという人が多くなれば価値は下がります。

仮想通貨といえども、実際にさまざまな取引に使うことを想定して考えられたものです。お金としての価値がなくなっては、意味がありません。そこで、乱発して価値が下がらないよう、ビットコインの発行枚数は上限2100万枚に設定されています。

限られた量に基づいて取引が行われているという点では、金《きん》と似ているかもしれません。また、ネット上にすべての取引が記録されるため、透明性が高いともいわれます。さらに、紙幣や硬貨がないということは、それだけコストがかからないということです。

このビットコインを使って、インターネット上でさまざまな買い物ができるようになりました。クレジットカードより手数料が安く、銀行を介さないので土日祝日も関係なく決済ができるなど、利便性の高さも魅力です。次第に利用する人が増えてきました。

ビットコインを入手するためには、インターネットを通じて取引所に接続し、円やドルなど現金をビットコインに交換します。交換といっても、現金を入手するわけではありません。ビットコインがパソコン上にデータとして存在するだけです。円やドルとの交換レートも、現実の通貨と同じように常に変化しています。

２０１３年初めには、１ビットコイン１枚が約13ドルでした。その年の暮れには１枚８００ドルに暴騰。大儲けをした人も出て、一躍注目を集めるようになり、投機の対象にもなりました。

そうなってくると、当然犯罪も起こります。２０１４年2月、ビットコインの信頼性を大きく揺るがせる事件がありました。ビットコインの取引所のひとつ「マウントゴックス」が経営破綻しました。同社はハッカーの攻撃を受けて、管理していた多額のビットコインを盗まれてしまったと発表。２０１５年8月には、同社社長が自分の口座を不正に操作し１００万ドル水増しした容疑で逮捕され、さらに顧客からの預かり金3億２１００万円を着服したとして再逮捕されました。

中央銀行のような国の信用に基づかないビットコインは、いわば無政府状態の通貨。法的に認められていないお金です。インターネット取引でビットコインを採用する企業が出てくる一方で、国によってはビットコインの使用を禁じているところもあります。

インターネットがさまざまな技術者の知恵を得て、急速な発展を遂げたように、ビットコインも現実の通貨に変わるような信用を得る日がやってくるのでしょうか。

改めて考える。「お金」って何だろう？

ここで、お金の歴史の原点に立ち返ってみましょう。お金はもともと、商品と商品の仲立ちになっているものでした。魚を持っている人が、もっとほかのものも食べたい、もっと豊かになりたい、という思いから物々交換が始まり、お金が生まれ、お金によって、人々はいろんなものを交換することができるようになりました。

ところが、いつしかお金自体が商品となった。お金を売買することによって、新たなお金を生み出す仕組みが生まれたのです。そうなると、お金儲けのためなら、何でもやる。円高になろうが、円安になろうが関係ない。どこの国が困ろうが、誰が困ろうが関係ない。そんな、人間味のない社会になりつつあります。

みんなお金は、ほしい。でも、何のためにお金が必要なのか。お金は、人間が豊かな生活を求めて発生したものです。しかし、国際金融に携わっている人たちは、お金を増やすこと自体が目標になっています。24時間寝る暇もなく、休みもなく働き続ける。そこには、人間の豊かな生活はありません。

初めは、人間がお金をコントロールしていました。しかし、今やお金によって私たちがコントロールされている。お金に振り回されない、本当に豊かな生活って何だろう。お金で自分を見失わないようにするにはどうしたらいいだろう。そういうことを常に考えることが大切だと思います。

第3章
「宗教」から見る世界

イスラム教は、過激な思想を持った宗教なのか？

まだ記憶に新しい2015年の自称「イスラム国」による、日本人人質殺害事件。被害者のひとり、ジャーナリストの後藤健二さんは、私の知人でもありました。中東取材の時に何度もお世話になっていました。それだけに、事件直後は茫然自失で、仕事が手につきませんでした。今も、思い出すたびに胸が痛みます。

後藤さんは、戦争の悲惨さを世界に伝えるプロフェッショナルのジャーナリストでした。大手の報道機関の記者も入っていかないような危険な場所に、なぜ行かなければならないのか。そんな疑問を持つ人も多いと思います。

実は、大手の報道機関の記者は、危険なところには行けないのです。記者一人ひとりは、戦地に赴いて事実を伝えたいと思っているはずです。しかし、会社には社員の生命を守る義務があり、危険な地域への立ち入りを禁止します。

そこで会社からの制約を受けないフリーランスのジャーナリストが活躍します。これまでも、ロバート・キャパ、沢田教一など数多くの有名なジャーナリストが、戦場で命を落としました。では、なぜ彼らは危険を冒してまで戦地に赴くのか。

それは、報道されない戦争は、世界の人々の記憶から忘れ去られ、なかったことになってしまうからです。戦争では、多くの女性や子どもたちが犠牲になります。その事実をなかったことにしてはいけない。そういう使命感が、彼らを動かしているのだと思います。

たとえば、アフリカのスーダン内戦（1955〜72年、83〜2005年）。中断期間をはさみ、合計38年もの間、国を南北に分けた戦争が続いていました。通信網が未発達の時代です。アフリカの奥地で戦争をやっているらしいという情報は入ってきても、世界は特に注目をしませんでした。延々と殺し合いが続きました。結果的に、200万人もの人が殺されたといわれています。

1994年に、スーダン内戦を伝える衝撃的な写真が、ニューヨーク・タイムズ紙に掲載されました。それがケビン・カーターというジャーナリストが撮影した「ハゲワシと少女」（p106写真③）です。

黒人の小さな少女が動けなくなって、砂漠にへたりこんでいる。ハゲワシが飛んできて、その女の子が死ぬのを待っているという写真です。カーターはこの写真で、アメリカで最も権威のあるピューリッツァー賞を受賞しました。

絶賛される一方で、なぜその子どもを助けなかったのかという、激しい批判が巻き起こり、カーター自身が自殺してしまうという悲劇が起こります。実は、この写真に写っていないところで、食料の配給が行われていて、お母さんがその子の食料を受け取るために並んでいたのです。

この1枚の写真が大きな騒ぎになったことで、世界の目がようやくスーダン内戦に向いたのです。そこから国際社会がスーダンに対して働きかけを起こし、ようやくスーダンの内戦は終わりました。

スーダンの内戦のように世界から忘れ去られると、いつまでも犠牲者が出続けるのです。自称「イスラム国」の問題も同じです。誰も報道しないと、世界から忘れられたものになってしまいます。

「イスラム国」の報道に直面すると、イスラム教は非常に過激な宗教のようなイメージを持つかもしれません。しかし、それはごく一

写真③—『ハゲワシと少女』ケビン・カーター撮影 | ©Kevin Carter/Sygma/Corbis/amanaimages

部の過激派組織が起こしている出来事なのです。

1995年に日本中を震撼《しんかん》させた地下鉄サリン事件。引き起こしたのは、宗教団体オウム真理教でした。宗教的にいうと、彼らも仏教あるいはヒンドゥー過激派と言ってもいいでしょう。しかしオウム真理教の事件をもって、仏教が危険だという人はいません。

イスラム教や仏教だけではありません。北アイルランド紛争では、キリスト教徒同士の内戦が起こりました。北アイルランドを独立させようと考えたカトリックの過激派がプロテスタントと長年にわたり激しい抗争を続けました。

このように世界を俯瞰《ふかん》してみると、「イスラム国」の事件からイスラムは怖いとイメージするのは短絡的にすぎるし、間違いだということがわかります。世界中にはさまざまな宗教があり、信仰する人々がいます（p108図表③、p110地図㉔参照）。それらの宗教がどのようなものか知っておく必要があるでしょう。少し具体的に見ていきましょう。

世界でも特殊な日本人の宗教観

Qたとえば、サウジアラビアの入国カードには、自分の名前のすぐ下に、信じる宗教を記入する欄があります。あなたなら、何と書きますか？

——エッ…？

日本には、仏教やキリスト教の信者の方も多いのですが、大部分の人がＮＯＮＥ、無宗教と記入するのではないでしょうか。

ところが、ここにＮＯＮＥと書くと大変なことが起こります。サウジアラビアは熱心なイスラム教の国です。神様を信じています。その国の人から見て、信じる宗教がないということは、神様を信じていない人間だということ。もしかすると神をも畏《おそ》れぬテロリストかもしれない。危険人物だと判断され、国外追放になってしまうそうです。

ここで、私たち日本人の多くの人が持っている宗教観を考えてみましょう。無宗教だと

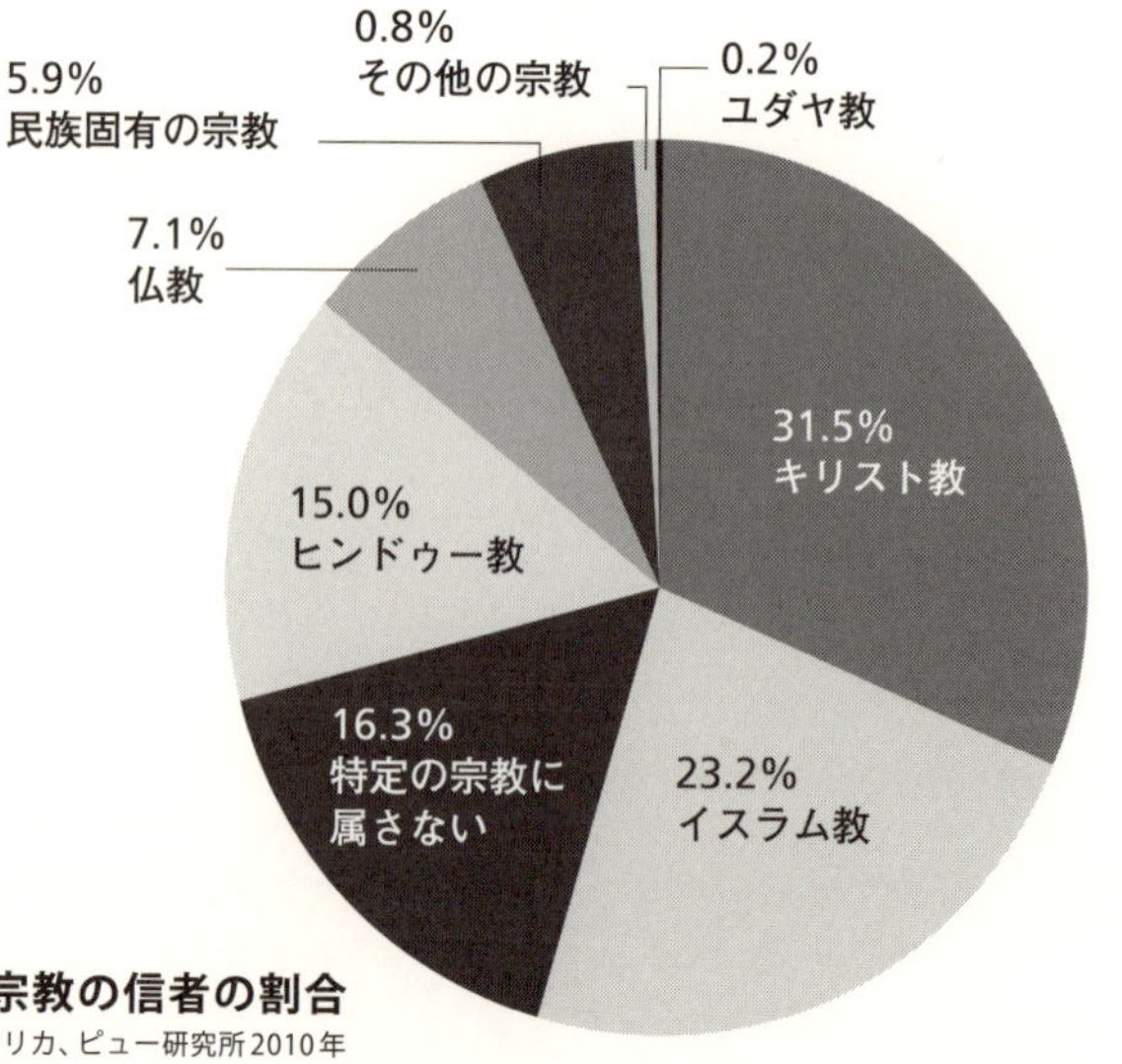

図表③—**宗教の信者の割合**
出典：アメリカ、ピュー研究所2010年

いう人でも、初詣には神社にお参りをします。お墓参りの時には、お寺に行きます。海外でキリスト教の教会に入ったら、何となく聖なるものを感じたという人もいるのではないでしょうか。

キリスト教の神様や仏教の教えを信じているわけではないが、人間の力の及ばない超自然的な存在があるのかもしれない。私たちの力の及ばないところで、私たちの運命は決められているのではないか。具体的な宗教や神様という形をとってはいないけれど、そういう感覚をみんな心のどこかに持っています。これが宗教心というものなのだと思います。

宗教には、大きく分けてふたつの考え方があります。ひとつは、この世界をつくった唯一絶対の神様が存在するのだという、一神教。キリスト教、イスラム教、ユダヤ教は一神教です。それに対して、あらゆるものに神的なものが宿っていると考えるのが多神教です。八百万《やおよろず》の神という言葉を聞いたことがあると思います。山や川、花や木など自然界のあらゆるものに神様が宿っている。だから自然の中の神様と人間とを結ぶ場として、神社を建ててお祈りする。これが日本に古代から伝わる神道の考え方です。

では、「神道」とはどんな宗教なのでしょう。まず読み方ですが「しんどう」ではなく「しんとう」と読みます。これ、間違える人が多いので、注意してくださいね。

神道の成立時期は明確ではありません。たとえば、山は縄文時代から信仰の対象になっ

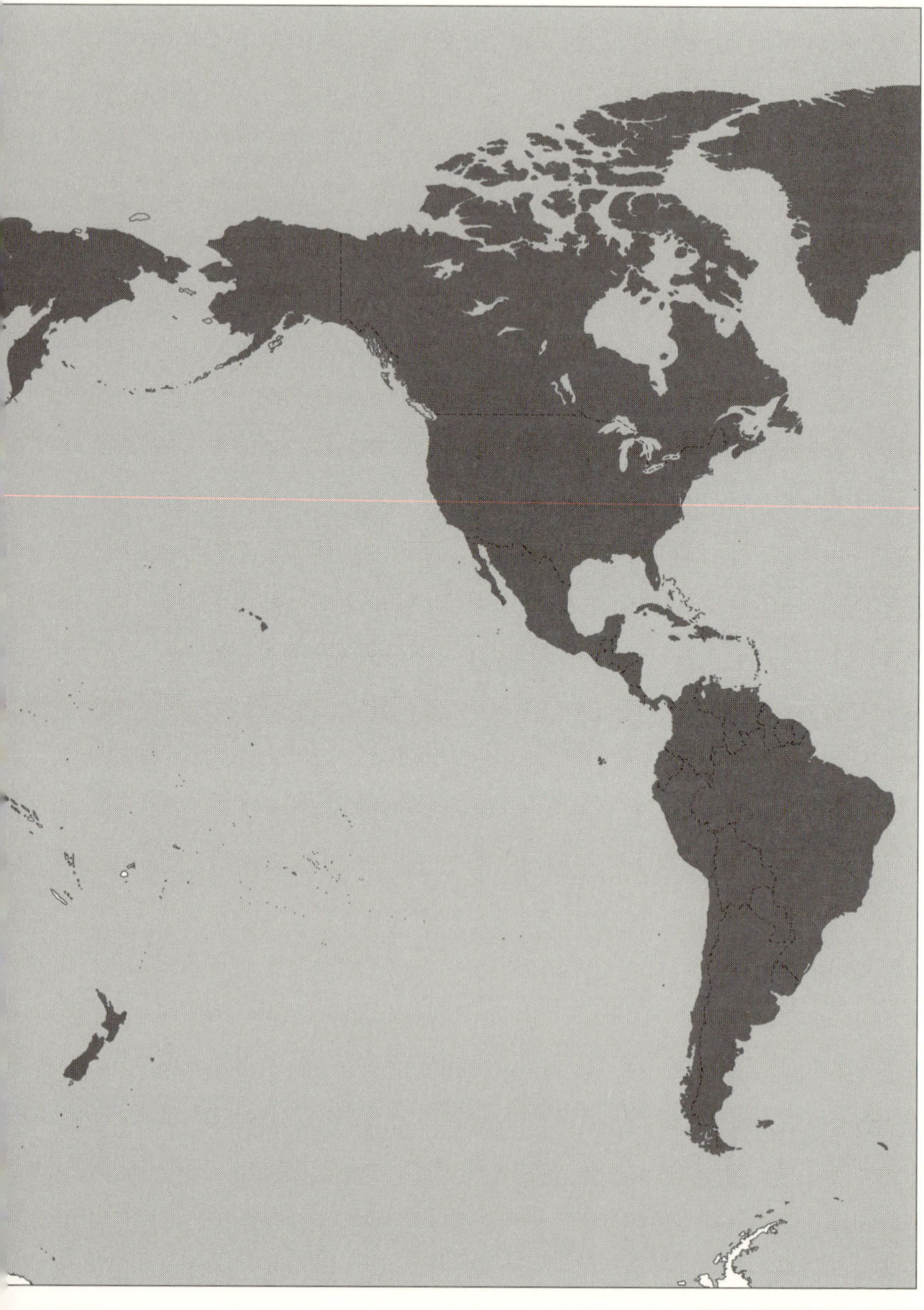

出典：アメリカ｜ピュー研究所

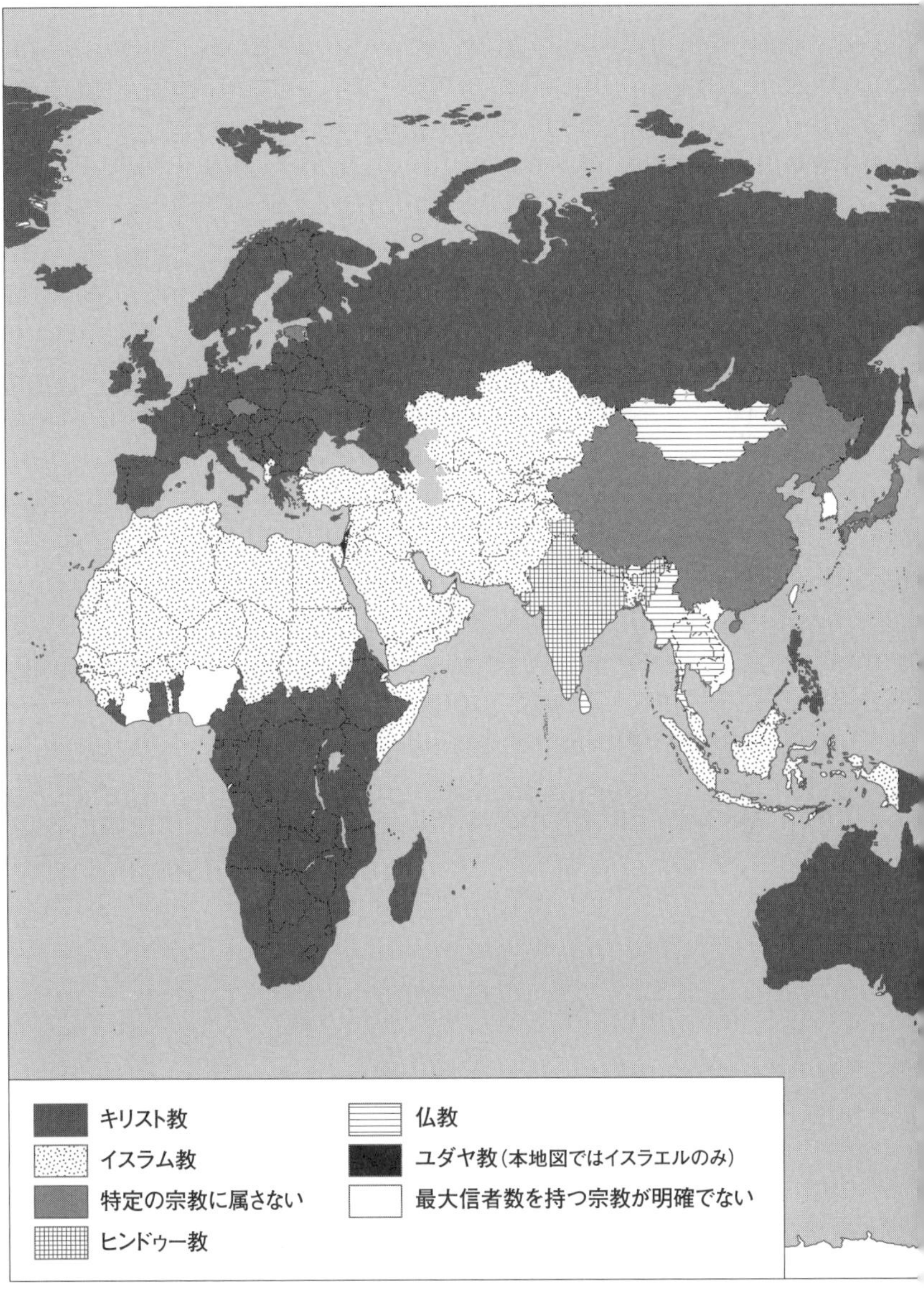

地図㉔—**各国の信者数最大の宗教**

ていたといわれています。大木や森、岩に対する信仰も古くからあります。

明確な四季を持ち、豊かな自然に囲まれた日本では、食料や水不足に悩まされることはあまりありませんでした。そんな場所で暮らしている人たちは「自然によって生かされている自分」を感じ、自然への感謝の気持ちが深くなります。この気持ちが、自然界に存在するであろう神々に対する信仰へと変わっていったのだと考えられています。

神道の神様がまつられている場所が「神社」です。「神社」と呼ばれるようになったのは明治時代以降のことで、それまでは「社《やしろ》」とか「宮《みや》」とか呼ばれていました。神社の起源はよくわかっておらず、石器時代から縄文、弥生時代にも、呪術的・宗教的行為は行われていたようです。

神典の中で最も重要なのは、君たちもよく知っている『古事記』（712年成立）と『日本書紀』（720年成立）です。『古事記』は天皇家の統治の正当性を語るための書物であり、『日本書紀』は日本が一等国であることを海外に向けて証明し、かつ後世に受け継がれるための書物です。どちらも内容は似ていて、天照大御神《あまてらすおおみかみ》や須佐之男命《すさのおのみこと》など、誰でも一度は聞いたことのある神様が登場します。

有名な「国産み神話」では、伊邪那岐命《いざなぎのみこと》と伊邪那美命《いざなみのみこと》という男女の神様が結婚して、淡路島《あわじしま》や四国、隠岐島《おきのしま》、九州、壱岐島《いきのしま》、対馬《つしま》、佐渡島《さどがしま》、本州の「大八島国《おおやしまのくに》」を生み、日本の国土をつくっていきます。『古事記』では、その後、天照大御神の子孫が初代天皇である神武《じんむ》天皇になったと伝えています。

神道が、国家の宗教として認められたのは、明治になってからです。江戸時代には仏教が多くの人々の信仰を集めていました。明治維新という革命を契機に、神道を国の中心に据えて新しい国の運営をしていこうと考えたのです。「神を先祖に持つ」天皇が現人神《あらひとがみ》（この世に現れた神）と位置づけられ、天皇のもとで神社を信仰することが日本人の義務となりました。

しかし、第二次世界大戦後「国家神道」という考え方は改められ、憲法によって信教の自由が保障されました。

ユダヤ教とキリスト教とイスラム教の関係を知る

Q それでは、一神教であるユダヤ教、キリスト教、そしてイスラム教は、それぞれどんな神を信じているのでしょうか？

——……？

その答えを知るためには、まずユダヤ教とキリスト教とイスラム教の関係を理解する必要があります。

この三つの宗教の中で、最も古くからあるのがユダヤ教です。はっきりとした成立時期はわかっていませんが、中東のあたりで始まりました。「この世界をつくり出した唯一の神を信じ、その神のいうことを聞くと約束した人々を神が守ってくれる」という考え方の宗教です。

ユダヤ教の神様は「ヤハウェ」。ヘブライ語で「神様」という意味です。ユダヤ教の流れをくむキリスト教も同じです。実はイスラム教の神「アッラー」も、アラビア語で神様の意味なのです。アラビア語を話すキリスト教徒は、神のことを「アッラー」と呼びます。つまり、ユダヤ教とキリスト教のヤハウェとイスラム教のアッラーは、同じ神様なのです。

ユダヤ教の話に戻ります。「ヤハウェ」は非常に厳しい神様で、ほかの神を信じることを許しません。しかし、「ヤハウェ」だけを唯一の神として信じるならば、カナンという土地を与えようと約束します。その約束の地カナンとは、現在のイスラエルがあるパレスチナ地方のことです。

「ヤハウェ」がユダヤ人の指導者として選んだのがモーゼです。モーゼは「ヤハウェ」から、人間が守るべき10のルール「十戒」を授かります。

ユダヤ教の『聖書』を開くと、初めに天地創造の話があります。1日目に神様は「光あれ」といって、光をつくった。2日目に天をつくった。そうやって6日間かけて世界をつくり、7日目に休息をとられた。ここから、7日目が安息日と決められました。ユダヤ教では、金曜日の夜から土曜日の夜が安息日、キリスト教では日曜日が安息日、イスラム教では金曜日が安息日です。

アダムとイブの話も有名です。神様がアダムをつくり、さらにアダムの肋骨《ろっこつ》からイブをつくった。アダムとイブがエデンの園で楽しく暮らしていた。ずる賢いヘビが出てきて、神様が絶対食べてはいけないといった知恵の実をアダムとイブに食べさせた。アダムとイブ、つまり私たち人間の祖先は知恵を手に入れた。神様はそれを怒って、アダムとイブを楽園から追放した。ここから人々の苦しみが始まる、という物語です。

ほかにもノアの方舟《はこぶね》の話やバベルの塔の話など、私たちもよく知っている話が『聖書』には書いてあります。これを神様から与えられた物語として、ユダヤ人たちは信じていました。

ところでこの『聖書』、何かに似ていると思いませんか。そうです。キリスト教の『旧約聖書』は、ユダヤ教の『聖書』とほぼ同じものなのです。どうしてそうなったのか。キリスト教の歴史を振り返ってみるとわかります。

イエスはユダヤ教徒だった

今から2000年ほど前のことです。パレスチナに住むユダヤ教徒のマリアという女性が男の子を産みました。その子はイエスと名づけられました。イエスは、もちろんユダヤ教徒です。

成長したイエスは、ユダヤ教の改革運動を始めます。ユダヤ教は、唯一神「ヤハウェ」を信じる者、つまりユダヤ人だけが救われるという考え方です。しかしイエスは、神を信じる者は誰しも救われるべきだと説きました。

イエスの改革運動はユダヤ教幹部の怒りを買い、捕らえられ処刑されることになります。当時のパレスチナはローマ帝国の支配下にありました。ローマ帝国の処刑の方法は、十字架にはりつけにして殺すというやり方でした。

イエスはゴルゴタの丘で十字架にかけられ、殺されました。3日後に、イエスが埋葬されたお墓を見に行くと、もぬけの殻でした。その後、復活したイエスが弟子たちの前に現れ、さまざまな説教をして天にのぼっていったという話が伝わるようになります。

ユダヤ教には、救世主信仰があります。「唯一絶対の神がこの世界をつくった」というのがユダヤ教の考え方です。ということは、始まりがあれば終わりもある。やがて、この世の終わりが来る。この世が終わる直前に、救世主が現れて私たちを導いてくれるという信仰です。

イエスに付き従っていた人たちは、復活を遂げたイエスこそが本物の救世主ではないかと考えるようになります。イエスは救世主という意味の「キリスト」と呼ばれるようになります。これがキリスト教の始まりです。キリスト教は、イエスが亡くなった後に誕生したのです。

キリスト教は、統治者であるローマ帝国から迫害を受けます。ローマ皇帝は自身を神として崇拝するように人々に命じていました。それを認めないキリスト教の考え方は許せなかったのです。しかし、神の前での平等を説くキリスト教の人気は高く、身分の低い人から上流階級の人にまで広がっていきました。キリスト教徒が増えるとローマ帝国も統治上無視できなくなり、313年コンスタンティヌス帝が「ミラノ勅令」でキリスト教を公認。392年テオドシウス帝がキリスト教を国教に制定しました。

イエスが十字架にかけられる前に説いていた話が、イエスの死後、弟子たちによってまとめられました。それが『福音書』。よい知らせの本という意味です。さまざまな弟子が独自の福音書をつくりました。当然、内容もまちまちでした。

ローマ帝国では、どの福音書を正統なものとするかという会議が開かれました。その結果、四つの福音書だけを正統なものとして認め、そのほかは全部焼き捨てました。帝国が認めた四つの福音書だけをまとめた聖書を『新約聖書』と呼んだのです。

『新約聖書』はその字のごとく新しい約束の聖書です。イエスがこの世に遣わされたことによって、人間と神は新たな契約を結んだのだ、という意味です。

イエスはユダヤ教徒でした。弟子たちに教えを説く時には、ユダヤ教の経典である『聖書』を引用していました。そこでキリスト教徒たちは、イエスが用いた『聖書』を古い約束の聖書『旧約聖書』と呼ぶようになりました。

しかしユダヤ教徒に『旧約聖書』というと、嫌な顔をします。『旧約聖書』という言い方は、キリスト教から見た言い方で、ユダヤ教徒にとっては『聖書』だけなのです。

ユダヤ人とは何者か

今私は、ユダヤ人という言葉を使いました。「なになに人」と呼ぶ時、私たちは暗黙のうちにふたつのルールを使っています。

ひとつは、その国の国籍を持っている人。日本国籍を持っている人を「日本人」。アメリカ国籍を持っている人を「アメリカ人」と呼びます。

もうひとつ、民族という考え方が基準になっている場合もあります。「アラブ人」はアラブという国はありませんが、アラビア語を母国語として話す人たちのことを指すと話しましたよね（p20参照）。アラブ人の中には、エジプト人もいればサウジアラビア人もいます。

しかし「ユダヤ人」の場合、どちらのルールにも当てはまらないのです。ユダヤという国があるわけでも、ユダヤ語という共通の言葉を使うわけでもありません。では、ユダヤ人とは何者か。

ユダヤ人の母親から生まれた子どもと、ユダヤ教を信じている人すべてがユダヤ人なのです。ユダヤ教の法律によると、ユダヤ教の母親から生まれた子どもは、ユダヤ教徒であるかどうかに関係なくユダヤ人とみなされます。

それはどういうことか。たとえば、アラブ人でもユダヤ教徒であればユダヤ人ですし、仏教徒やイスラム教徒のユダヤ人も存在するわけです。ちょっと不思議ですね。

キリスト教の3大教派

キリスト教には大きく三つの派があります(図表④)。カトリック、プロテスタント、そして東方正教会です。キリスト教がローマ帝国の国教となった後、ローマ帝国は東と西に分裂します。国教であるキリスト教もそれぞれの国に合わせて独自の変化を遂げていきました。東ローマ帝国のキリスト教は、ギリシャ正教というものになっていきます。ギリシャ正教は東ヨーロッパに広まり、ロシア正教、セルビア正教、グルジア正教、ウクライナ正教など、東方正教会と総称されるものに変わっていきました。1世紀にできた初代教会のあり方を正確に伝えるものが東方正教会だと考えられています。

一方、西ローマ帝国のキリスト教は、カトリックと呼ばれるようになります。カトリックとは「普遍的な」という意味です。カトリックは、フランスやイタリアなど西ヨーロッパに広がっていきます。しかし勢力が強くなっていくにつれ、カトリック教会内部で腐敗が始まり、キリスト教の教えに反するような行動も目立つようになりました。

16世紀になると資金集めに免罪符を発行するカトリック教会に対する批判が高まります。キリスト教神学者マルティン・ルターは「本当のキリスト教の教えとかけ離れている」

図表④―**キリスト教の成立と3大教派への流れ**

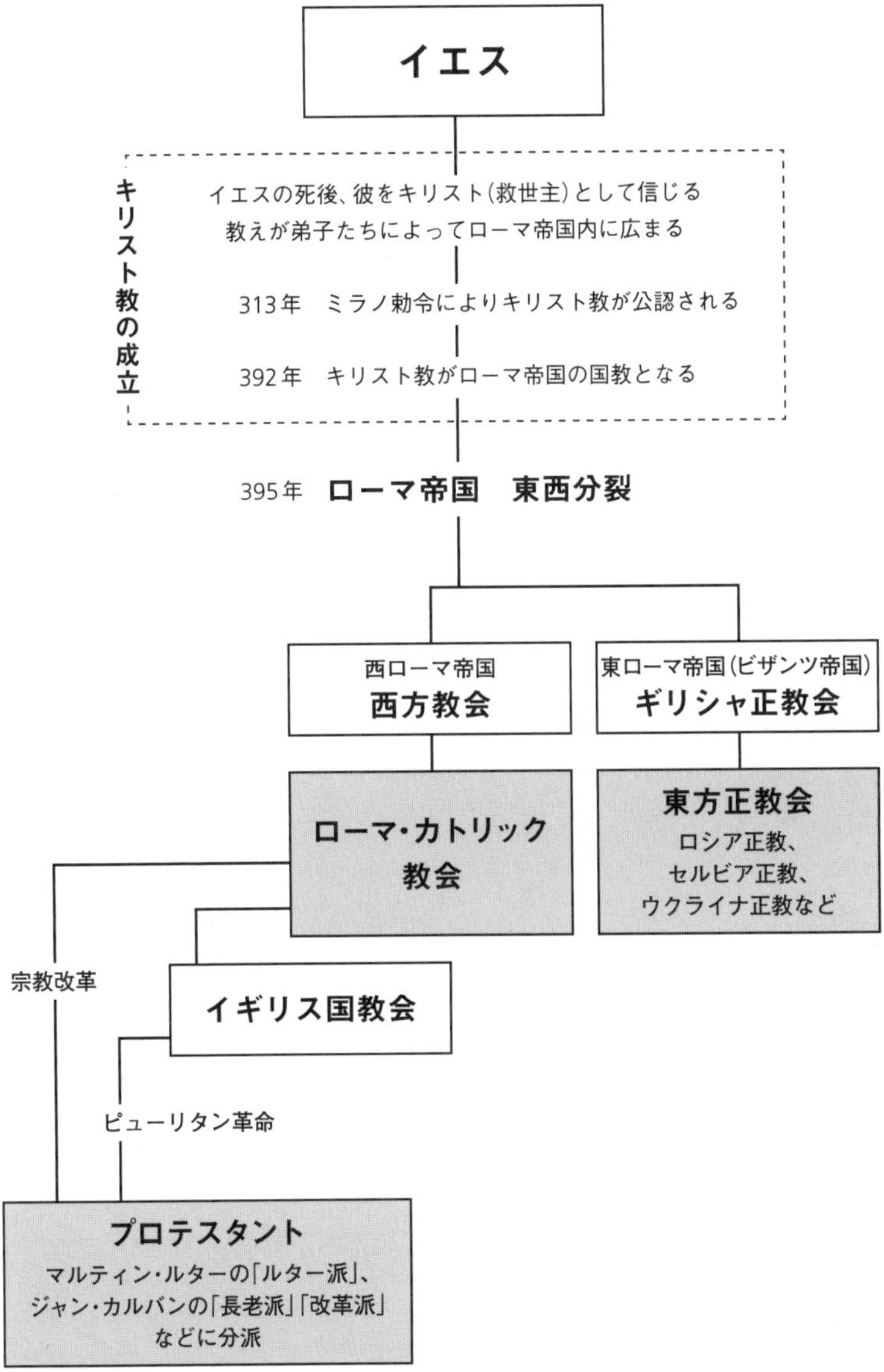

とカトリック教会の腐敗を非難しました。ここから、宗教改革が起こります。ルターの抗議行動に賛同した人々は、カトリックへの抗議の意味を込めてプロテスタント（抗議する人）と呼ばれるようになります。プロテスタントの中にもたくさんの宗派があります。

神学者のジャン・カルヴァンは、蓄財を禁じていたカトリックの教えから離れ、お金をためてもよいという考えを提唱します。商売をしていた人たちに積極的に受け入れられ、カルヴァン派プロテスタントとしてヨーロッパ各地に広がっていきました。

イギリスでもこの考えは受け入れられ、ピューリタン（清教徒）と呼ばれました。しかしイギリスでは国王の離婚問題が発端となり、カトリックから分裂した「イギリス国教会」が生まれます。歴代の国王は、イギリス国民に「イギリス国教会」だけを信じるように強制しました。

迫害を受けたピューリタンたちは、信仰の自由を求め、アメリカにキリスト教の理想社会を作ろうと海を渡りました。ピューリタンはプロテスタントの一派です。アメリカはプロテスタントによってつくられた国なのです。

キリスト教にも原理主義がある

イスラムの過激派のニュースが報道される時によく耳にするイスラム原理主義。何だか暴力的で怖い印象があります。しかし「原理主義」とは、もともと「宗教の教えの基本に立ち返ろう」という考え方です。

キリスト教の中にも原理主義は存在します。プロテスタントの中の一部の宗派は、『聖書』に書かれてあることはすべて正しいことだ、と考えています。神様がアダムとイブをつくって、人類は始まった、という聖書の記述を信じている人がいるのです。

Qアメリカの学校では、常識となっているあることを教えないケースがあります。

――……ビッグバン？

おおっ！　それも正解です。宇宙も神様がつくったのだから、ビッグバン理論などあってはならないことですよね。でも、アダムとイブから連想すると、どうだろうか？

――……進化論だ！

そうです。サルと人間は共通の祖先から進化したというダーウィンの進化論は神を冒涜《ぼうとく》する考えです。キリスト教の原理主義者にとっては断じて、認めることはできません。アメリカの学校で使われている教科書には、進化論が載っていなかったり、ほんの小さくしか扱わないこともあるそうです。

イスラム教の聖書は『コーラン』だけではなかった

１４００年ほど前、アラビア半島の都市メッカにムハンマドという商人がいました。商売は成功していたのですが、40歳を過ぎた頃から思い悩むことが多くなり、洞窟にこもり瞑想にふけっていました。

ある日、瞑想中のムハンマドは何者かに体をぐっとつかまれたような感じを受けます。そして「神の言葉を伝えなさい」という趣旨のことを言われたといいます。これがイスラム教の始まりです。

ムハンマドは神の声を直接聞いたわけではありません。イスラム教の経典である『コーラン』を読むと、天使ジブリールが神の言葉をムハンマドに伝えたと書いてあります。ムハンマドの体をつかんだのは、天使ジブリールだったのです。

Q 天使ジブリールとは、いったい何者だったのでしょう？

――……？

そのヒントは『受胎告知』という、キリスト教の宗教画にあります。聖母マリアがイエスを身ごもった時、天使が現れて「あなたは神の子を身ごもりました」と伝えた場面を描いた絵です。その天使の名は、ガブリエル。アラビア語読みすると、ジブリールになります。

神は直接、人間に言葉を伝えません。神の言葉を人間の言葉に通訳をして伝える人、これが天使ガブリエル、つまりジブリールなのです。ここで、キリスト教とイスラム教は、基本的に同じ構造だということがわかります。

ムハンマドは、読み書きができませんでした。天使ジブリールから次々と神の言葉を聞いても、記録することができないのです。そこで、ムハンマドは神の言葉を一生懸命暗記しました。

ムハンマドから伝え聞いた周りの人たちも、読み書きができません。みんなで神の言葉を暗唱して伝えていました。やがてムハンマドが死に、度重なる戦争で神の言葉を覚えていた人たちも次々と死んでいきました。これでは神の言葉が後世に伝わりません。そこで覚えている人たちが集まって、神の言葉を本にしました。それが『コーラン』（『クルアーン』ともいいます）です。

イスラム教徒は、こう考えます。神は、まずユダヤ教徒に『聖書』を与えた。しかし、ユダヤ人たちは神の教えをちゃんと守っていない。そこで神は、イエスに改めて言葉を伝えた。そしてキリスト教が生まれ『新約聖書』が書かれた。ところが、キリスト教徒も神の言葉を信じていない。最後の最後にムハンマドを選び、神の言葉を伝えたのだと。それをまとめたものが『コーラン』だという考え方です。

ユダヤ教の聖書は『聖書』だけです。キリスト教は『旧約聖書』と『新約聖書』。そして、イスラム教徒にとっては、『聖書』つまり『旧約聖書』と『新約聖書』そして『コーラン』の三つすべてが聖書です。中でも最後に与えられた『コーラン』こそが最も貴い啓典《けいてん》、すなわち神の啓示を記した書だとされています。

『コーラン』ではユダヤ教徒もキリスト教徒も啓典の民

イスラム教では、ムハンマドを預言者と呼びます。予言者ではなく、預言者。神の言葉を預かる人という意味です。それでは、イエスは、どういう人物だと考えられているのでしょう。ユダヤ人にとっては、ただの人間。キリスト教徒は、イエスは救世主であり神の子だと考えます。イスラム教でも、イエスは神の子ではありません。神の言葉を人々に伝えたという点において、イエスも預言者のひとりである。これがイスラム教の考え方です。

『コーラン』を読むと、「ユダヤ教徒もキリスト教徒も同じ啓典の民、大切にしなければいけない」という意味の言葉があります。啓典の民、つまり同じ神様の言葉をまとめた聖書を信じている仲間だから、仲良くしようということです。

つまりイスラム教徒は、ユダヤ教徒やキリスト教徒と対立する存在ではないと『コーラン』には、はっきり書いてあるのです。

今世界を震撼させている自称「イスラム国」は、なぜほかの宗教と対立して攻撃するのかという疑問がわいてきます。地図で「イスラム国」が支配しているエリアを見ると、かなり広い地域であることがわかります（地図㉕）。「イスラム国」には、800万人の人が暮らしています。この地域の中にはユダヤ教徒も

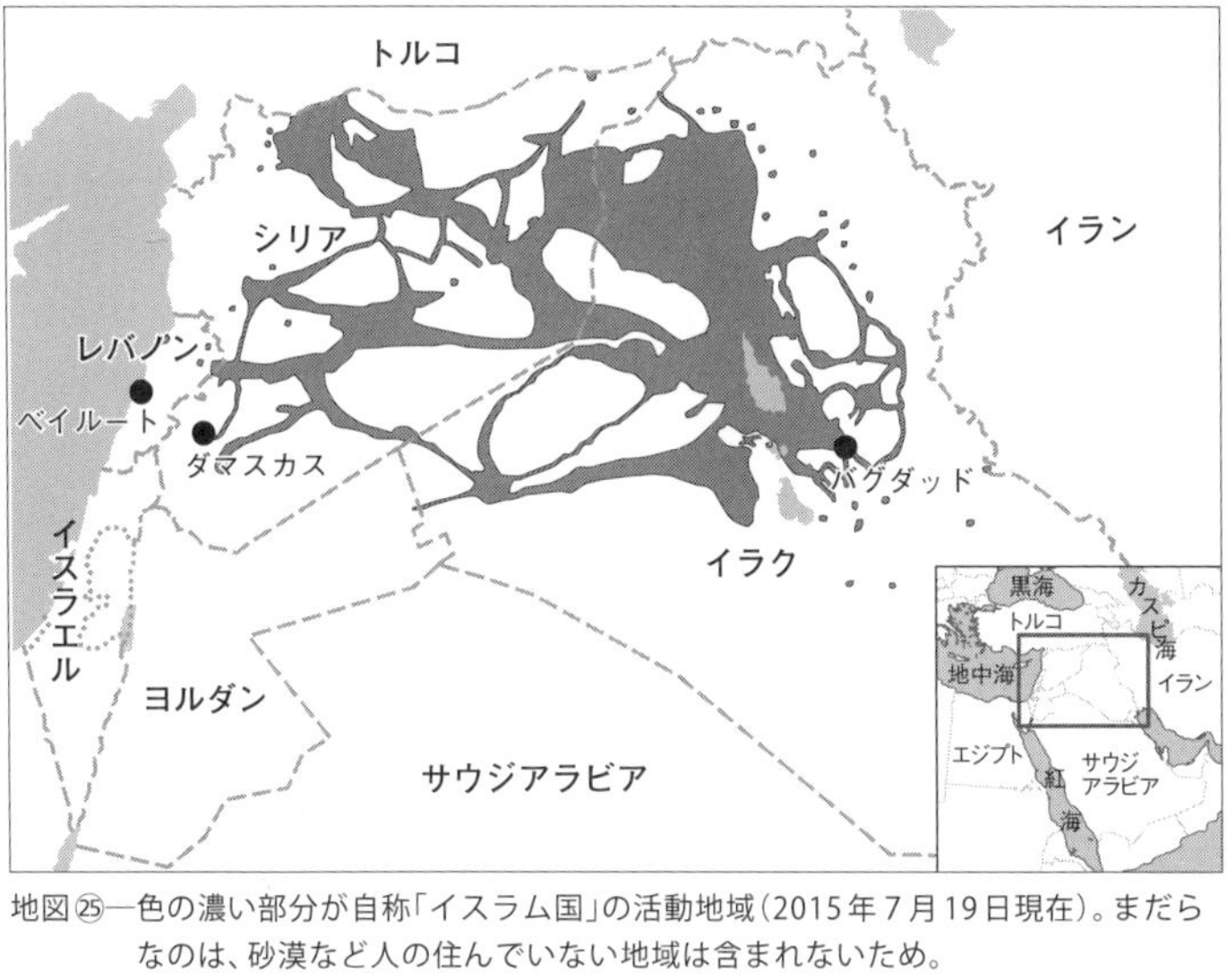

地図㉕—色の濃い部分が自称「イスラム国」の活動地域(2015年7月19日現在)。まだらなのは、砂漠など人の住んでいない地域は含まれないため。
｜出典：Institute for Study of War

キリスト教徒も住んでいます。「イスラム国」のやり方に反発したり、従わなかったりした者はあっさりと殺してしまうのですが、従っているかぎりは、ユダヤ教徒もキリスト教徒も税金さえ払えばそのまま自分たちの宗教を信じていてもよいのです。「イスラム国」なりに『コーラン』の教えを守っている部分もあるのです。

世界には約16億人のイスラム教徒がいるといわれています。実に4人にひとりがイスラム教徒だという計算になります。その中から、ムハンマドの時代はみんな平等だったのに、今は貧富の差が広がっている。これはおかしい。ムハンマドの時代の古き良きイスラム教に戻ろうと考える人たちが出てきました。これがイスラム原理主義です。イスラム原理主義自体は、過激な考え方ではありません。原理主義者の中で、武力をもってでもその理想を実現するのだと気炎を上げる、ごく一部の好戦的な集団がイスラム原理主義過激派なのです。

ここまでずっと一方的に話してきましたが、質問はありませんか?

――何で同じ神のもとにある宗教同士で、十字軍とかっていう戦いが起きてしまうのですか?

君たちは、まだ世界史を習っていないんだね。では、まず聖地エルサレムの話からしましょうか。

聖地エルサレムは、誰のもの？

ユダヤ教、キリスト教、イスラム教は、同じ神を信じる兄弟のような宗教です。その三つの宗教がともに聖地としているのがエルサレムです（p130写真④、⑤）。パレスチナ地方、現在のイスラエルの中にあります。

ユダヤ教にとってエルサレムは、神から約束された土地カナンです。そして、ユダヤ人の祖先であるアブラハムが神に信仰心を試された「聖なる岩」のある神聖な場所でもあります。一方、キリスト教にとっては、イエスが十字架にかけられた場所がエルサレムのゴルゴタの丘。そしてイスラム教では、メッカからエルサレムにやってきたムハンマドが聖なる岩に手をついてそこから天に昇り、天の声を聞き再び地上に戻った場所です。三つの宗教の信者たちが、この地を管理するのは自分たちだと互いに譲らず、対立を続けてきました。

聖地エルサレムをめぐる争いの中で、キリスト教とイスラム教が対立した歴史的に重要な事件が十字軍です。

11世紀末、聖地エルサレムがイスラム教徒によって占領されました。キリスト教カトリ

写真④―エルサレムにある「岩のドーム」｜©AGE/PPS通信社
ドーム内にまつられている「聖なる岩」は、ユダヤ人にとっては祖先アブラハムが息子イサクを神に捧げようとした場所であり、イスラム教では預言者ムハンマドが聖なる旅をした場所とされています。現在はイスラム教徒が管理。

写真⑤―「岩のドーム」の西南にある壁の外側がユダヤ教徒が管理する「嘆きの壁」。
｜©SHIGEKI MIYAJIMA/SEBUN PHOTO/amanaimages

ックの総本山であるローマ教皇は聖地エルサレムを奪還すべく十字軍を結成します。十字軍に参加すれば、罪が許されて天国に行ける、といって兵を集めます。1096〜1270年にわたり、大きなものだけでも7回、十字軍が聖地エルサレムを目指して行軍したのです。

1回目は、確かにエルサレムまで行き、エルサレムを占領していたイスラム教徒を破り、聖地の奪還に成功しました。しかし2回目以降は宗教的な意味合いは薄れ、十字軍という名のもとにならず者のような傭兵たちが集まって、イスラム教徒を襲う略奪集団となりました。イスラム世界からすれば、十字のマークを付けた連中によって一方的に襲撃されたという思いがあって、今でも一方的な攻撃をしてくる悪の代名詞なのです。2015年1月に起きた自称「イスラム国」による人質事件で、日本は十字軍に参加した、という言い方をしました。今でも十字軍に対する強い嫌悪感が読み取れますね。

――ニュースを見て、イスラム教にはふたつの宗派があって対立しているそうですが、どういう宗派なんですか？

はい、じゃあ、その話もしましょう。イスラム教では、ムハンマドの死後、信者たちを指導する人が必要となり、ムハンマドの後継者が選ばれました。それがカリフ（イスラム指導者）という存在です。カリフの人選について、信者たちの中で意見が分かれました。

あくまでムハンマドの血筋を引いている者こそがふさわしいという一派が、ムハンマドの従弟《いとこ》でありムハンマドの娘と結婚したアリーという人物をカリフに推薦します。アリーの党派と呼ばれます。アラビア語で党派は「シーア」。アリーのシーアがいつしかシーア派と呼ばれるようになりました。

それに対して、血筋は関係ない、イスラムの教え、イスラムの慣習をきちんと守っている人がカリフになるのがいいという考え方がありました。アラビア語で慣習を「スンナ」といいます。これがスンナ派です。マスコミでは「スンニ派」と呼んでいます。現在16億人ともいわれているイスラム教徒の85％がスンナ派です（図表⑤）。

シーア派とスンナ派は、同じイスラム教ですから基本的な考え方は同じです。しかし時代とともに、お祈りの作法や回数が微妙に違ってきました。もともとスンナ派とシーア派は折り合いをつけて暮らしていました。ところが、英米が分断政策をとって対立を顕在化させます。そして2003年にアメリカがイラクを攻撃。フセイン政権を倒して、国内が大混乱になりました。スンナ派、シーア派、それぞれの過激派が支配権を握ろうと、他派の信徒を殺し始めたのです。この結果、現在もスンナ派とシーア派が激しく対立を続けています。このように同じ教えを信じる宗教でも、時代とともにそのかたちを変えていくものなのだ、ということを覚えておいてください。

図表⑤—**イスラム教のシーア派とスンナ派**

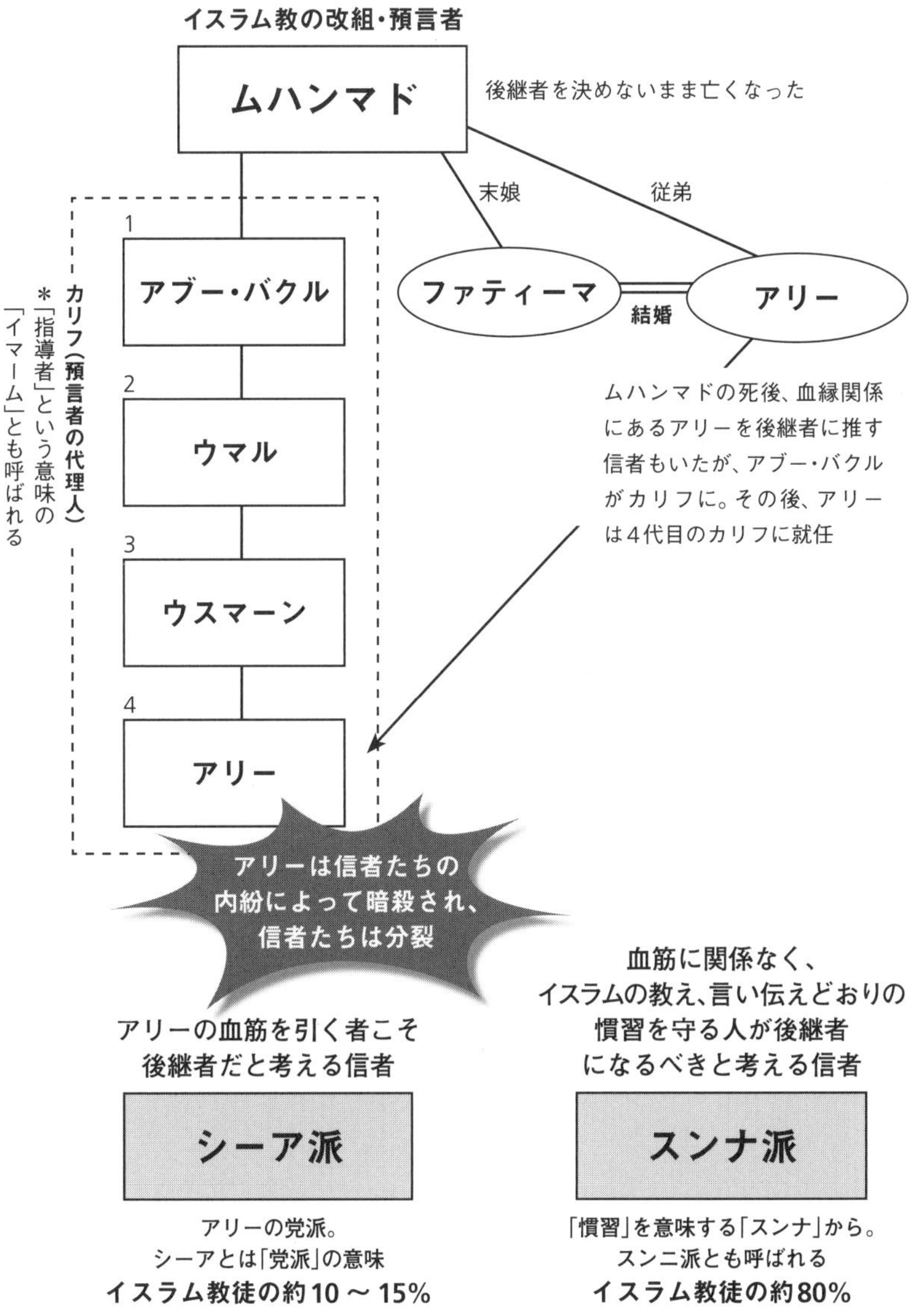
イスラム教の改組・預言者
ムハンマド
後継者を決めないまま亡くなった
末娘
従弟
ファティーマ
結婚
アリー
ムハンマドの死後、血縁関係にあるアリーを後継者に推す信者もいたが、アブー・バクルがカリフに。その後、アリーは4代目のカリフに就任
カリフ（預言者の代理人）
＊「指導者」という意味の「イマーム」とも呼ばれる
1
アブー・バクル
2
ウマル
3
ウスマーン
4
アリー
アリーは信者たちの内紛によって暗殺され、信者たちは分裂
アリーの血筋を引く者こそ後継者だと考える信者
シーア派
アリーの党派。
シーアとは「党派」の意味
イスラム教徒の約10～15%
血筋に関係なく、イスラムの教え、言い伝えどおりの慣習を守る人が後継者になるべきと考える信者
スンナ派
「慣習」を意味する「スンナ」から。
スンニ派とも呼ばれる
イスラム教徒の約80%

仏教とはどんな宗教？

日本人にとって、いちばん身近な宗教が仏教です。紀元前5世紀頃、インド北部（現在のネパール）のルンビニーでシャカ族の王の息子として生まれたゴータマ・シダールタは、「なぜ人は生きるのか」と思い悩み、29歳の時に出家します。苦行に身を浸しますが、得られるものは何もなく、体も弱っていきました。村娘スジャータから捧げられた乳粥《ちちがゆ》を食べて体力を回復し、菩提樹の下で端座し、ついに悟りを開きます。苦行を始めて6年後、35歳の時でした。ブッダというのは、サンスクリット語で「悟りを開いた人」という意味です。

ゴータマ・シダールタはブッダとなり、インド各地を旅してたくさんの弟子たちを受け入れます。しかしブッダは自分の教えを文字で残すことはありませんでした。すべて対面で教えを説いていたといわれています。そのため、ブッダが80歳で亡くなった後、弟子たちによってブッダの教えをまとめた仏典が作成されました。

ブッダの死後、ブッダに付き従っていた信者たちが、教えをどう実践するかというところでふたつに割れてしまいました。大ざっぱにいうと、ブッダの時代のルールを忠実に守るべきだとする保守派（上座部《じょうざぶ》）と時代に合わせてルールを変えていくべきだという改革派（大衆部《たいしゅぶ》）です。保守派は、上座に座っていた偉い人たちが多くいたことから上座部仏教と呼ばれます。一方大衆部は大乗仏教へと変化していきました。文字どおり大きな乗り物という意味で、「すべての人たちを乗せて救うことができる教え」です。上座部仏教はタイやラオス、ミャンマーなど南アジアを中心に広まります。一方、大乗仏教は中国や朝鮮、日本など北のほうに伝わりました。大乗仏教はチベットに入ると、チベット仏教という、私たちが知っている大乗仏教とはかたちを変えた宗教になっています（図表⑥）。

　仏教には四つの聖地があります（p138地図㉖）。第一の聖地が、インドとネパールの国

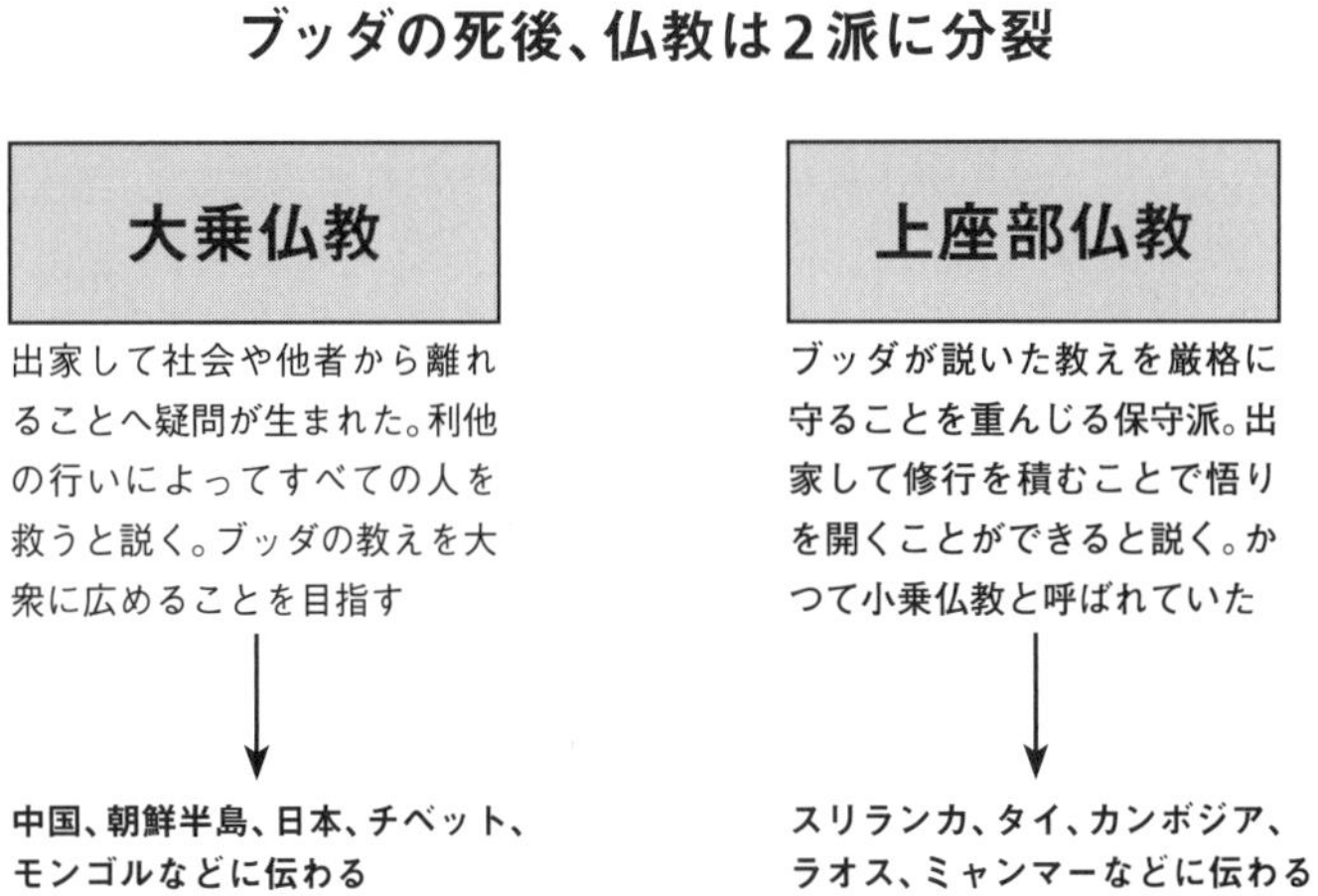
ブッダの死後、仏教は2派に分裂
大乗仏教
出家して社会や他者から離れることへ疑問が生まれた。利他の行いによってすべての人を救うと説く。ブッダの教えを大衆に広めることを目指す
中国、朝鮮半島、日本、チベット、モンゴルなどに伝わる
上座部仏教
ブッダが説いた教えを厳格に守ることを重んじる保守派。出家して修行を積むことで悟りを開くことができると説く。かつて小乗仏教と呼ばれていた
スリランカ、タイ、カンボジア、ラオス、ミャンマーなどに伝わる

図表⑥―ブッダの死後、上座部仏教と大乗仏教に分かれます。

境近くにある「ルンビニー」。ブッダ生誕の地です。当時は、インド文化圏だったともいわれていますが、現在はネパール領です。しかも、ブッダを生んだ釈迦族の城跡が、ちょうどネパールとインドの間にあるため、互いに自国だと主張しています。そこには、ブッダはインド人だったのか、ネパール人だったのかという政治的な問題も含まれています。

後の三つの聖地は、すべてインドにあります。第二の聖地が、ブッダが菩提樹の下で悟りを開いたとされる場所「ブッダガヤー」です。余談ですが、仏教が勢力を失ってから20世紀半ばまで、この地はヒンドゥー教徒が管理していました。「ブッダガヤー」は、ヒンドゥー教の聖地でもあるのです。1990年代に仏教徒の手に取り戻そうと「ブッダガヤー奪還運動」が起こり、現在は仏教徒によって管理されています。ユダヤ教、キリスト教、イスラム教それぞれが自らの聖地だとして譲らない、エルサレムの問題（p129参照）に少し似ていますね。

第三の聖地が、ブッダが最初の説法を行った場所「サールナート」です。ガンジス川の沐浴《もくよく》のシーンで有名な観光地「ワーラーナシー」の近くにあります。

そして、第四の聖地が「クシナガラ」。ブッダが入滅した場所です。この地には涅槃堂《ねはん》が建てられ、ブッダの涅槃像が安置されています。涅槃とは、サンスクリット語の「ニルヴァーナ」を漢語に訳したもので「ろうそくなどを吹き消した状態」を意味します。まさに煩悩を吹き消して、涅槃の境地に至ったブッダの姿なのです。

仏教の教えとは

仏教は、死んでも別の生き物に生まれ変わるという「輪廻《りんね》」という思想が基盤となっています。「輪廻」の思想は、古代インドで信仰されていた、バラモン教の影響を受けているといわれています。バラモン教から生まれたヒンドゥー教にも「輪廻」の思想は存在します。

永遠に生まれ変わり続ける「輪廻」を信じる仏教では、唯一神の存在を認めてはいません。神が救ってくれるのではなく、自ら悟りを開くことで、輪廻のサイクルから無縁となる。これを解脱《げだつ》といいます。そして解脱したものだけが、極楽浄土で幸せに暮らすことができると考えます。

キリスト教やイスラム教では、人間は死んだ後に神様から「最後の審判」を受けて、天国に行くか地獄に落ちるかが決められます。

輪廻の思想に基づいている仏教でも、同じような考え方があります。この世（現世）でよい行いを多くしていると、次の世（来世）で「天道《てんどう》」に生まれ変わることができ、悪い

仏教

●ルンビニー	ネパール中西部のブッダ生誕の地
●ブッダガヤー	ブッダが悟りを開いたとされる地
●サールナート	ブッダが最初の説法を行った地
●クシナガラ	ブッダ入滅の地。涅槃像がある

※各宗教とも聖地に関しては諸説あります。

地図㉖—**3大宗教のおもな聖地**

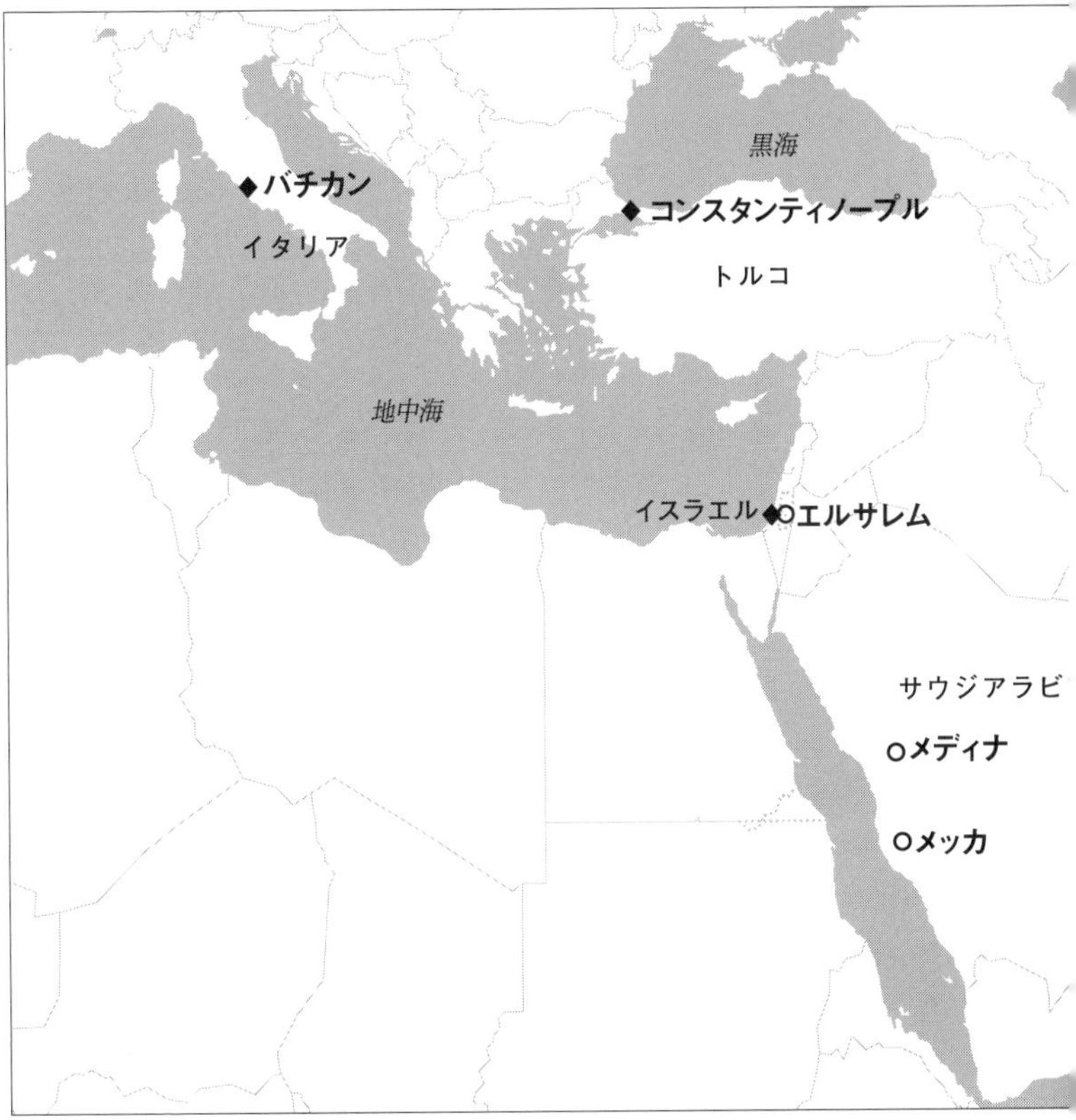

イスラム教

○メッカ　預言者ムハンマド生誕の地
○メディナ　ムハンマドが亡くなった地
○エルサレム　ムハンマドが昇天の旅をした地

キリスト教

◆エルサレム　イエスが生誕し十字架にかけられた地
◆バチカン　使徒ペテロが殉教した地
◆コンスタンティノープル　東ローマ帝国の首都
（現在のイスタンブール）

行いばかりしていると「地獄道」に生まれ変わるといわれています。

さらに詳しくいうと、仏教の場合、死後には六つの世界があるといわれています。それが「六道《ろくどう》」で、「天道《てんどう》」「人間道」「修羅《しゅら》道」「畜生《ちくしょう》道」「餓鬼《がき》道」「地獄道」です(図表⑦)。「天道」「人間道」以外は、あまり行きたくないような名前ですね。

仏教でいう「天道」はキリスト教やイスラム教の「天国」とは少しイメージが違います。「天道」は六道において、最も恵まれた世界という位置づけ。天国のように苦しみのない幸せな世界ではありません。

人間は生まれながらにして苦の世界に生きているというのが、仏教の根本的な考え方です。六道のどの世界にいても苦しみから逃れることはできません。生と死をめぐる輪廻は永遠に続きます。

それでは仏教には、「天国」のような場所はないので

図表⑦ —**仏教でいう死後の六つの世界「六道」**

天道	六道の中で、最も恵まれた世界
人間道	人間の住んでいる苦に満ちた世界
修羅道	怒りに満ちた、争いの絶えない世界
畜生道	人間以外の生きものに変えられ、救いの少ない世界
餓鬼道	飢えと渇きに苦しむ世界
地獄道	悪行をなしたものが苛酷な罰を受ける世界

しょうか。それが、先ほど説明した「極楽浄土」です。輪廻という苦しみから抜け出し、悟りを開き、解脱した人だけが到達できる仏様の世界です。

仏教でいう仏様は、解脱した人のことを指します。解脱して極楽浄土にのぼった人が仏様なのです。神様のあり方とは違うのです。

ヒンドゥー教と仏教は兄弟のようなもの

ところで、仏教が生まれたインドでは、仏教徒の数は多くありません。ブッダとその弟子たちの布教活動によって広まっていきましたが、13世紀にイスラム勢力の攻撃を受けたこともあって、仏教の勢力は衰退しました。

現在インドでは、国民の約80％がヒンドゥー教徒だといわれています。

「ヒンドゥー」とはサンスクリット語の「スィンドゥ」がなまったもので、インダス川を意味する言葉です。つまり「インダス川の国に住んでいる人」を指しています。

紀元前１４００〜同１２００年頃、西方からアーリア人がやってきてインドに「バラモン教」という宗教を広めました。太陽や水、風などの自然現象を「神」として崇める多神教です。そのバラモン教がインドでもともと信仰されていた原始宗教と混じり合ってできたのが、ヒンドゥー教です。4世紀頃に、今のヒンドゥー教の原型ができたといわれています。生活の中で変化しながら自然発生的に成立したヒンドゥー教には、仏教やキリスト教のように創始者は存在しません。

Q ヒンドゥーはどんな神様を信じているのでしょう？

——多神教から生まれた宗教だから、あらゆるものが神様？

実はヒンドゥー教には開祖も経典もないため、各教徒がそれぞれ自分で「信仰する神」を決めていいことになっているのです。おもしろいですね。

数あるヒンドゥー教の神様の中でも、世界をつくる「ブラフマー神」。世界を保つ「ヴィシュヌ神」。世界を破壊する「シヴァ神」。この三つの神様が有名です。

特に「シヴァ神」と「ヴィシュヌ神」の人気が高く、「最高神」とも呼ばれています。神様に人気ランクがあるのもおもしろいですね。世界を破壊する「シヴァ神」は、創造と幸福をもたらす神でもあって、非常に人気が高いのです。ヒンドゥー教徒が、牛肉を食べないのもシヴァ神信仰から来るものです。牛はシヴァ神の乗り物だとされていて、崇拝の対象となっています。

実は、日本で信仰されている七福神の「大黒天《だいこくてん》」は、「シヴァ神」が仏教に取り入れられたものだといわれています。「吉祥天《きっしょうてん》」は「ヴィシュヌ神」の妻ラクシュミーが、「弁財天《べんざいてん》」はサラスヴァティーという女神が起源となっているそうです。そして、「ブッダ」もヒンドゥー教の神様のひとつになっています。

こう見ていると、バラモン教をもとにして生まれたヒンドゥー教と仏教は、兄弟のような宗教なのだ、とわかります。

ヒンドゥー教には経典がない

自然発生的に生まれたヒンドゥー教には、キリスト教やイスラム教のように決まった経典はありません。しかし、太古から伝わるたくさんの聖典があります。中でも、最も古いものが四つの「ヴェーダ」です。

「ヴェーダ」とは、サンスクリット語で「知識」という意味で、もともとはインドにやってきたアーリア人が信仰していたものです。紀元前1000~同800年頃に編纂《へんさん》されたといわれる、インド最古の宗教的な文献です。

地図㉗—**ヒンドゥー教の七つの聖地**

最も重要とされるのがワーラーナシーです。

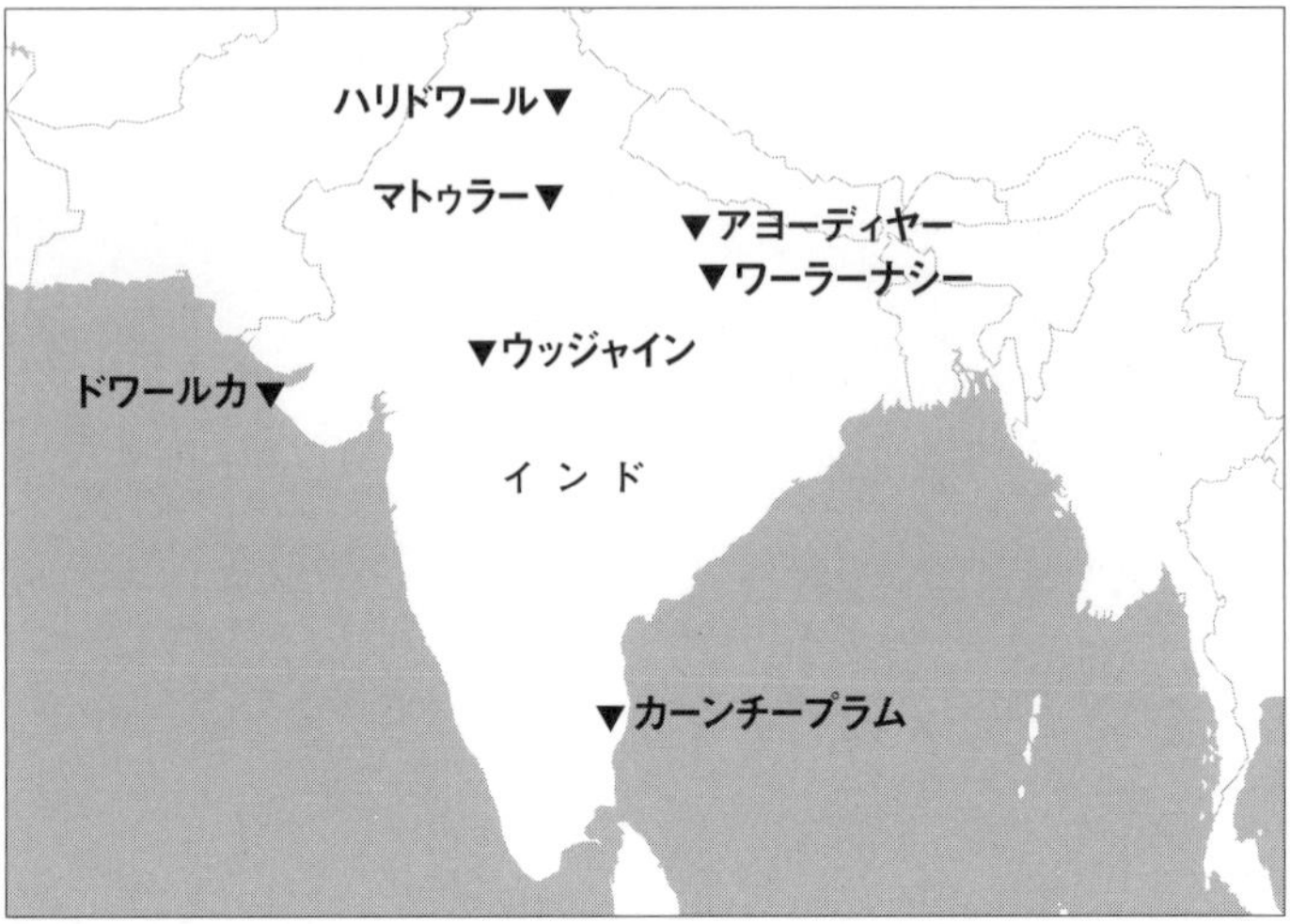

▼ハリドワール	母なる大河ガンジス川上流の町。12年に一度、ヒンドゥー教の大祭、クンブメーラが行われる
▼マトゥラー	クリシュナ神生誕の地
▼アヨーディヤー	インドの大叙事詩『ラーマーヤナ』の主人公ラーマの生誕地。ラーマはヴィシュヌ神の化身として崇拝されている
▼ワーラーナシー	ガンジス川沿いの町。人々は川で沐浴し、川岸では遺体が火葬され、遺灰は川へと流される。すべての罪が清められシヴァ神のもとへ行けると信じられている。生と死の行き交う地
▼ウッジャイン	シヴァ寺院がある
▼ドワールカ	かつてクリシュナ神が住んでいたという伝説がある
▼カーンチープラム	ヒンドゥー教の重要な寺院が数多く集まる

四つの「ヴェーダ」とは、「リグ・ヴェーダ」「サーマ・ヴェーダ」「ヤジュル・ヴェーダ」「アタルヴァ・ヴェーダ」。その中で、最も重要視されているのが「リグ・ヴェーダ」です。この中には神々を讃える1000以上の讃歌が収められています。

また、「マハーバーラタ」と「ラーマーヤナ」という叙事詩も聖典に含まれています。叙事詩とは、民族の歴史などを伝える物語です。物語が聖典になるというのも不思議な感じがしますが、『古事記』や『日本書紀』も神話的な物語がベースになっていることを考えると、納得できるかもしれません。

ヒンドゥー教には、ハリドワール、マトゥラー、アヨーディヤー、ワーラーナシー（バラナシ）、ウッジャイン、ドワールカ、カーンチープラムの七つの聖地があります（地図㉗）。ヒンドゥー教の場合、必ずしも聖地巡礼をする必要はありませんが、巡礼によってモークシャ（解脱）に近づくことができると考えられています。

七つの聖地の中でも最も重要とされているのが、ガンジス川沿いのワーラーナシーです。シヴァ神がこの世の家として選んだ場所といわれるこの地には、たくさんのガード（沐浴場）が設けられています。ガンジス川で沐浴を行うことによって罪を洗い流し、徳を得ることができると信じられているのです。シヴァ神ゆかりのこの地で最後を迎えたい人も多く、死期を悟るとワーラーナシーへの旅に出たいと願う信者が後を絶ちません。

先住民支配のために生まれたカースト制度

そして、ヒンドゥー教を知るうえで、忘れてはならないのが「カースト制度」です。インドに「バラモン教」を持ちこんだアーリア人は、インドの先住民を支配するために「カースト」という四つの階級を定めました。それが「バラモン（司祭）」「クシャトリア（王族・戦士）」「ヴァイシャ（商人・庶民）」「シュードラ（奴隷）」の四つのカーストです。さらにその下にカースト制度から外れた人々がいて、「不可触民」と呼ばれました。彼らは人糞の処理や屠畜などの仕事しか与えられませんでした。

しかし人間をカーストによって差別するのは、非人道的な行為です。「非暴力・不服従」を貫き、インドのイギリスからの独立運動を指揮したマハトマ・ガンディー（１８６９〜１９４８年）は、不可触民を「ハリジャン（神の子）」と呼んで、差別の撤廃に尽力しました。１９５０年に制定されたインド憲法では、カースト制度による差別が禁止されました。しかし、カースト制度は根強く残っていて、完全に払拭《ふっしょく》することができないのが現状です。

宗教を考えることは、国際社会を考えること

ここであげた宗教のほかにも、世界中には、さまざまな宗教が存在します。日本人の多くは、一神教徒ではないし、ある宗教以外は認めないという排他的な思いを持ってはいません。しかし世界中にさまざまな信仰があり、その信仰によって生活のスタイルや社会のルールも変わってきます。また、どんなに平和的な考え方をする宗教でも、解釈の仕方ひとつで人間の脅威になってしまうこともあるのです。

世界のほとんどの国は宗教国家だといっていいでしょう。国民が神様を信じていることを前提として、国家が成り立っています。だから、「宗教」を知ることは世界を知るうえでの重要な鍵のひとつなのです。

第4章
「資源」から見る世界

セブンシスターズが石油利権を握っていた

「世界は石油を中心に回っている」といわれます。私たちの生活の中では、ガソリン代が安くなった、高くなったというニュース以外に実感することは少ないかもしれません。しかし石油は、世界各国の経済だけでなく政治にも大きな影響を与えているのです。

Q 石油あるいは石炭、こういうものを何とか燃料っていいます。何燃料でしょう？

―化石燃料です。

はい、そうだね。まず、石油や石炭などの化石燃料の基礎知識からおさらいしましょうか。石炭は、植物性の化石燃料です。太古の地球上に生息していた植物が、高圧のかかる地中で長い時間をかけて炭化したものです。一方、石油や天然ガスは動物性の化石燃料。恐竜をはじめさまざまな生物の死体が、地層の中に閉じこめられて変化したものです。化石のように生まれたから、化石燃料というわけですね。

18世紀後半からの産業革命で、石炭が注目を集めました。蒸気機関や自動織機など、工業化の動力源として石炭が活用されたのです。石炭の時代は長く続き、日本でも大学生の就職先の一番人気は石炭産業でした。

ところが、１９５０～60年代に中東で大型の油田が次々と発見されます。世界中に安価な石油が大量に供給されるようになりました。当然どの国も、エネルギー政策を転換し、石炭よりも燃焼効率がよく、輸送も簡単な石油にシフトしていきます。

これが「エネルギー革命」です。日本の石炭産業も、石油産業に押されて、あっという間に衰退します。

現在、中東というと、オイルマネーで巨万の富を築いているイメージがあります。しかし油田が発見されるまでは、ペルシャ湾の貿易に携わる人々が行き交う程度の地域でした。特に、現在世界最大の石油埋蔵量を誇っているサウジアラビアは、国土のほとんどが砂漠。ラクダで移動する人たちの姿を見るくらいで、何もない国でした。

サウジアラビア、クウェート、アブダビなどで大型の油田が発見されましたが、石油の利権を持っていたのは、中東の国家や企業ではありません。

当時の世界の石油資源は、アメリカ、イギリス、オランダの大手企業7社が独占している状態でした。七つの企業間で価格や生産量、販売地域などを協定するカルテルを結び、膨大な利益を上げていたのです。これらの会社は「石油メジャー」あるいは「セブンシスターズ」（注）と呼ばれていました。

セブンシスターズは、中東の国々で油田を開発します。そして、採掘した石油を安価に買い取って、欧米に持っていきました。産油国といいながら、現地にはほとんどお金が落ちない状態が長い間続いていました。

Q セブンシスターズに対抗するために、産油国はどんな手段をとったのでしょう？

産油国側は当然おもしろくありません。そこで、1960年にOPEC（石油輸出国機構）を設立します。アラブの国々だけが集まったものがOAPEC（アラブ石油輸出国機構）です。産油国側が結束してセブンシスターズに対抗しようと考えたのです（図表⑧、⑨）。

注―**「セブンシスターズ」**（7人の姉妹）とは次の7社である。

エクソン	アメリカ
ロイヤル・ダッチ・シェル	イギリスとオランダの合弁会社
BP	イギリス
モービル	アメリカ
ソーカル	アメリカ（ガルフと合併「シェブロン」へ）
テキサコ	アメリカ
ガルフ	アメリカ（ソーカルと合併「シェブロン」へ）

＊1970年代の石油危機を経て、1980年代に入ると、国際石油協会の再編成が進められ、エクソンモービル、ロイヤル・ダッチ・シェル・グループ、BP、シェブロンテキサコ、トタルフィナ・エルフのスーパーメジャーに集約されている。

図表⑧―石油生産量国別ランキング

順位	国名	生産量(千トン)
1	サウジアラビア	543,441
2	ロシア	534,073
3	アメリカ	519,944
4	中国	211,429
5	カナダ	209,801
6	イラン	169,190
7	アラブ首長国連邦	167,265
8	イラク	160,278
9	クウェート	150,846
10	ベネズエラ	139,451

出典:Global Note (2014年)

図表⑨―OPECとOAPECの加盟国

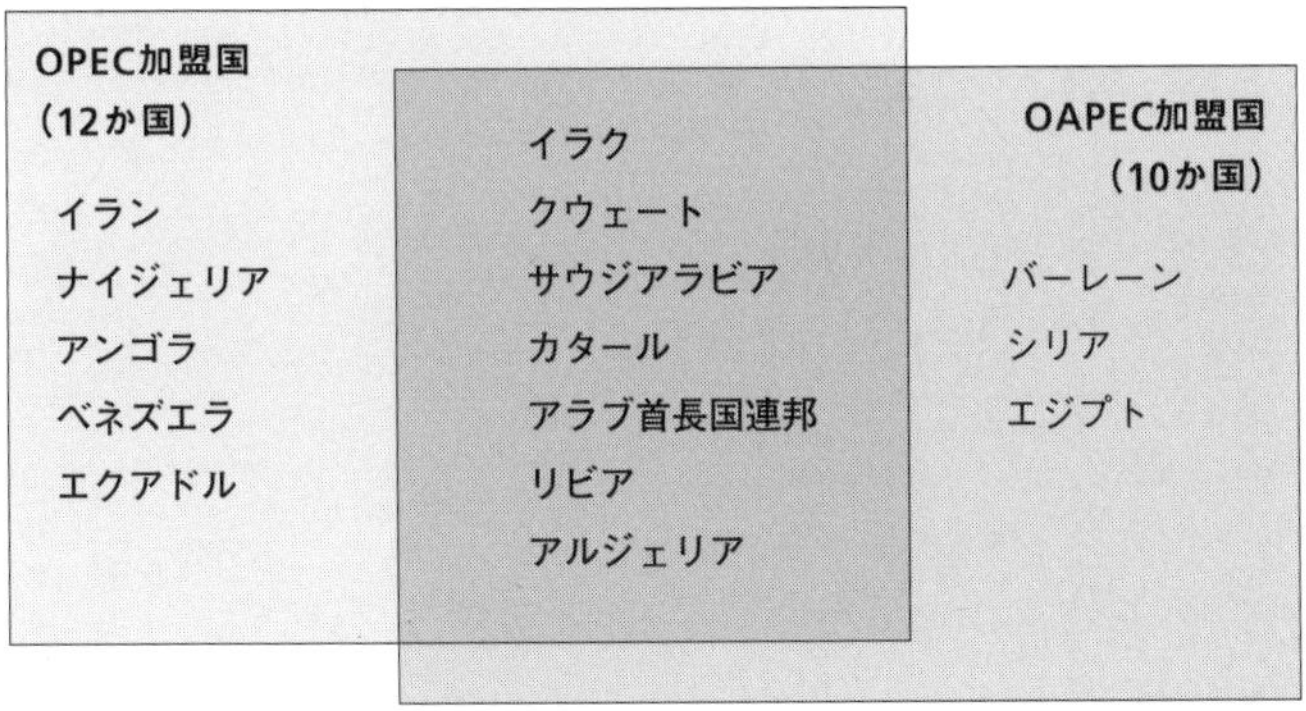

2015年7月現在

少しでも高い値段で売りたいOPECと、できるだけ安く買いたいセブンシスターズの間で激しい主導権争いが行われます。しかし、国際的な販売網を押さえているセブンシスターズ側の優位は揺るがず、OPEC側は負け続けていました。

オイルショックで、中東にオイルマネーが流れこむ

ところがある事件をきっかけに、攻守が逆転します。それが、1973年に勃発した第4次中東戦争です。エジプト・シリアをはじめとするアラブ諸国とイスラエルが戦いました。ここで、周辺のアラブ諸国は石油を武器にすることを考えたのです。

この戦争では、アメリカ、イギリス、フランスがイスラエル側に、ソ連がアラブ側に武器を供給していました。そこでOAPECは、イスラエルを応援している国には石油を売らない。アラブを支援しない国に対しては、毎月5%ずつ、輸出量を減らしていくと宣言したのです。石油の価格決定権がセブンシスターズから産油国であるOPEC側に移った瞬間です。

世界中がパニックになりました。これがオイルショックです。原油価格は、高騰しました。日本国内でも、大騒ぎが起こります。トイレットペーパー騒動です。石油ショックで

トイレットペーパーがなくなるという噂が流れました。実際には、そんなはずはありません。テレビ局の人たちは、根拠のない噂でパニックになっている人たちがいる、トイレットペーパーがなくなるはずはないという視点で、買い占めのシーンをニュースで流しました。ところが、逆にその報道が不安をあおります。日本全国で買い占めが起こり、店頭からトイレットペーパーがなくなってしまいました。

この騒動には後日談があります。原油価格が高騰したからといって、トイレットペーパーが作れなくなるわけではありません。増産すればすぐに店頭に並びます。大量に買い占めた人は、トイレットペーパーの保管場所に苦労しました。押し入れの中にトイレットペーパーが山積みされている、そんな家もあったというオチまでついています。

では、なぜそんなパニックが起こったのでしょう。トイレットペーパー騒動が起きた頃は、日本が戦後の復興を果たして、豊かになってきた時代。都市部では下水道も整備され、くみ取り式のトイレから、水洗トイレへと切り替わりました。くみ取り式のトイレはトイレットペーパーを使わなくても大丈夫です。新聞紙やわら半紙でお尻を拭いている家庭もありました。ところが、水洗トイレの場合、水に溶ける紙を使わないと、下水が詰まってしまいます。そんな心理が増幅してトイレットペーパー騒動が起こったのだと思います。全国でパニックになったとよく言われますが、本当は水洗トイレが普及していた東京や大阪など、都市部の人たちの出来事だったのです。

トイレットペーパー騒動は、泰山鳴動《たいざんめいどう》して鼠《ねずみ》一匹でしたが、オイルショックは、輸入エネルギーに依存している日本に大きなダメージを与えました。火力発電の燃料は石油です。石油の価格が上がると、当然電気料金も上がります。ガソリン価格も急騰します。

国を上げての節電が叫ばれました。銀座のネオンサインが全部消えて、街が真っ暗になりました。テレビの深夜放送も、すべて中止になりました。オイルショックをきっかけに、日本の各産業は石油の使用量を減らす技術を開発し始めます。省エネ技術、省エネ産業の登場です。

日本のエネルギー政策に関しても、大きな変化が起こります。これからは石油を大量に使用する火力発電に依存しすぎるのはやめよう。原子力の平和利用という掛け声のもと、原子力発電所の建設が推進されるようになりました。

国際政治をも動かす石油の力

Q 世界で初めて大規模油田が発見された場所はどこでしょう?

――……サウジアラビア？

実は、大規模な油田が最初に発見されたのは、アメリカだったのです。1859年、ペンシルベニア州で世界初の機械掘りによる原油掘削に成功し、最初の油田施設がつくられた時、石油を運搬するために酒樽に詰めました。樽のことを英語でバレルといいます。それ以来、石油の単位はバレルと称されるようになりました。1バレルは、酒樽ひとつ分。およそ159リットルです。

その後、中東でも大規模な油田が発見されます。それまで世界から忘れ去られていた砂漠の国に、オイルマネーが流入します。有史以来の民族問題や宗教問題による紛争に加え、あらたに石油利権をめぐる激しい争いが幕を開けます。中東問題が複雑化し過激化する背景には、石油の存在があるのです。

日本が太平洋戦争に突入した最大の目的も、石油でした。当時の日本は、日中戦争で中国に攻めこんでいました。アメリカやイギリス、オランダは、日本軍を中国から撤退させようとします。その作戦として、日本に石油を売るのをやめたのです。今でいう、経済制裁です。

石油の輸入がストップしてしまったら、日本の海軍は船を動かすことができません。そうなる前に、東南アジアの油田を押さえようと、現在のマレーシア、シンガポール、インドネシアへの攻撃を考えました。しかし、東南アジアで戦争を始めると、アメリカ海軍が妨害に来るだろう。そこで、ハワイの真珠湾にあるアメリカ海軍の基地を攻撃して壊滅させておこう。その後で、東南アジアの石油をたっぷり手に入れよう。これが日本側の考え方でした。

１９４１年12月8日に開戦した太平洋戦争。真珠湾攻撃ばかりがニュースになっていますが、それとほぼ同じ頃、日本軍は現在のインドネシア、シンガポール、マレーシアあたりも同時に攻撃を開始していたのです。

結局、日本は石油の不足で十分な戦闘ができなくなり、敗戦します。第二次世界大戦を機に、さらに石油への関心は高まり、その後も石油資源をめぐるさまざまな争いが世界各地で起きています。

日本と中国の間にある尖閣諸島をめぐる争いも、原因は石油です。１９６０年代以前は、中国も日本の領土だと認めていました。中国は昔から自国の領土だと主張していたと言っていますが、古い中国の地図を見るとちゃんと日本の領土になっています。ところが１９６８年、国連の調査団が尖閣諸島の周辺を調査し、海底に大量の石油や天然ガスが埋まっている可能性があるという結果を発表したのです。すると突然、台湾と中国が、尖閣諸島は自分たちの領土だと主張し始めたというわけです。

2003年にアメリカのブッシュ政権はイラクを攻撃しました。ブッシュ政権は、イラクのフセイン大統領は独裁者である。独裁者を倒してイラクの国民を解放する、という大義名分のもと、イラクを攻撃しました。

ここで疑問が生じます。独裁政権はイラクだけではありません。北朝鮮も独裁です。なぜアメリカは、北朝鮮ではなくイラクを攻撃したのでしょう？　北朝鮮は石油が出ないからではないか。一方、イラクには大量の石油が眠っている。だからアメリカはイラクを攻撃したのだろうと推測してしまいます。

もし北朝鮮に大きな油田があったら、アメリカは北朝鮮を攻撃していたのではないでしょうか。しかし幸か不幸か、北朝鮮には石油が出ない。だから、大国はどこも見向きもしないのです。これが国際政治の現状です。

シェール革命で、エネルギーをめぐる世界のパワーバランスが変わった

第二次世界大戦以来、石油というエネルギー資源をめぐって、世界中で激しい駆け引き

が行われています。常にその中心は、中東の産油国でした。ところが今、世界のエネルギー資源に新しい潮流が生まれようとしています。それがシェール革命です。

Q シェール革命は、どこの国を中心として起こっているのでしょう？

シェールは、日本語にすると「頁岩《けつがん》」です。地中深く何千メートルものところに、薄い岩の板がケーキのミルフィーユのように層をつくっています。その薄い岩と岩の間に大量の天然ガスや石油が眠っているのです。それをシェールガス、シェールオイルと呼びます。

シェールガスやシェールオイルの存在は、以前からわかっていました（地図㉘）。しかし岩の層に閉じこめられているため、取り出すことは不可能だと思われていたのです。ところが21世紀に入った頃、アメリカの企業が掘削技術の開発に成功したのです（写真⑥）。

アメリカの場合は地下2000メートルぐらいのところにシェール層があります。世界中でシェール層は発見されていますが、どこもアメリカよりももっと深いところにあるので、なかなか掘り出すことができません。シェールガス、シェールオイルの産出に関しては、アメリカが世界を何歩もリードしているのです。これにより、中東からアメリカへ、石油資源をめぐるパワーバランスの中心が変わりつつあります。

シェール革命によって、アメリカが世界最大の石油と天然ガスの産出国になりました。

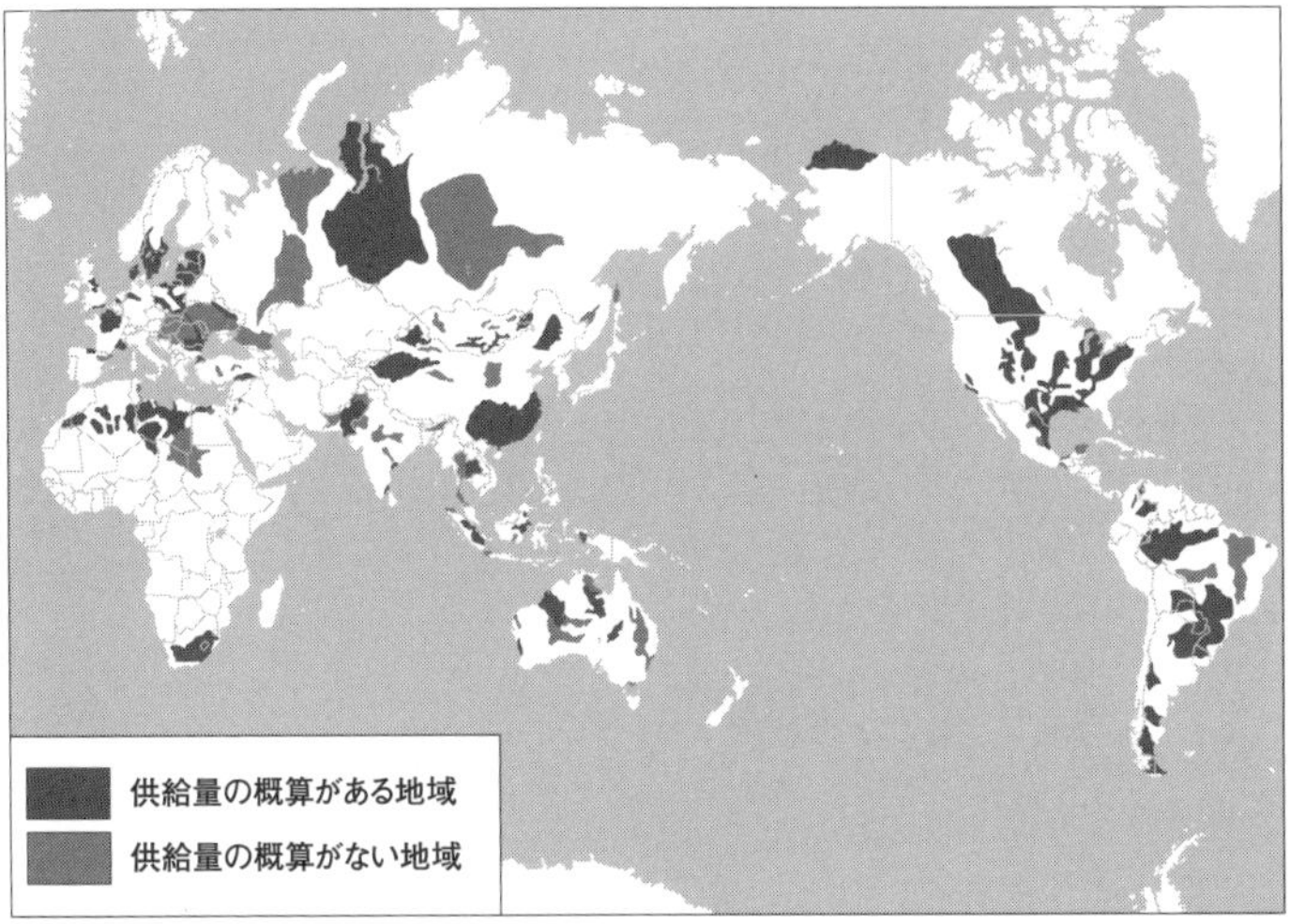

地図㉘—シェールガス・オイルの埋蔵地域｜出典：アメリカ、エネルギー情報局（EIA）2013年

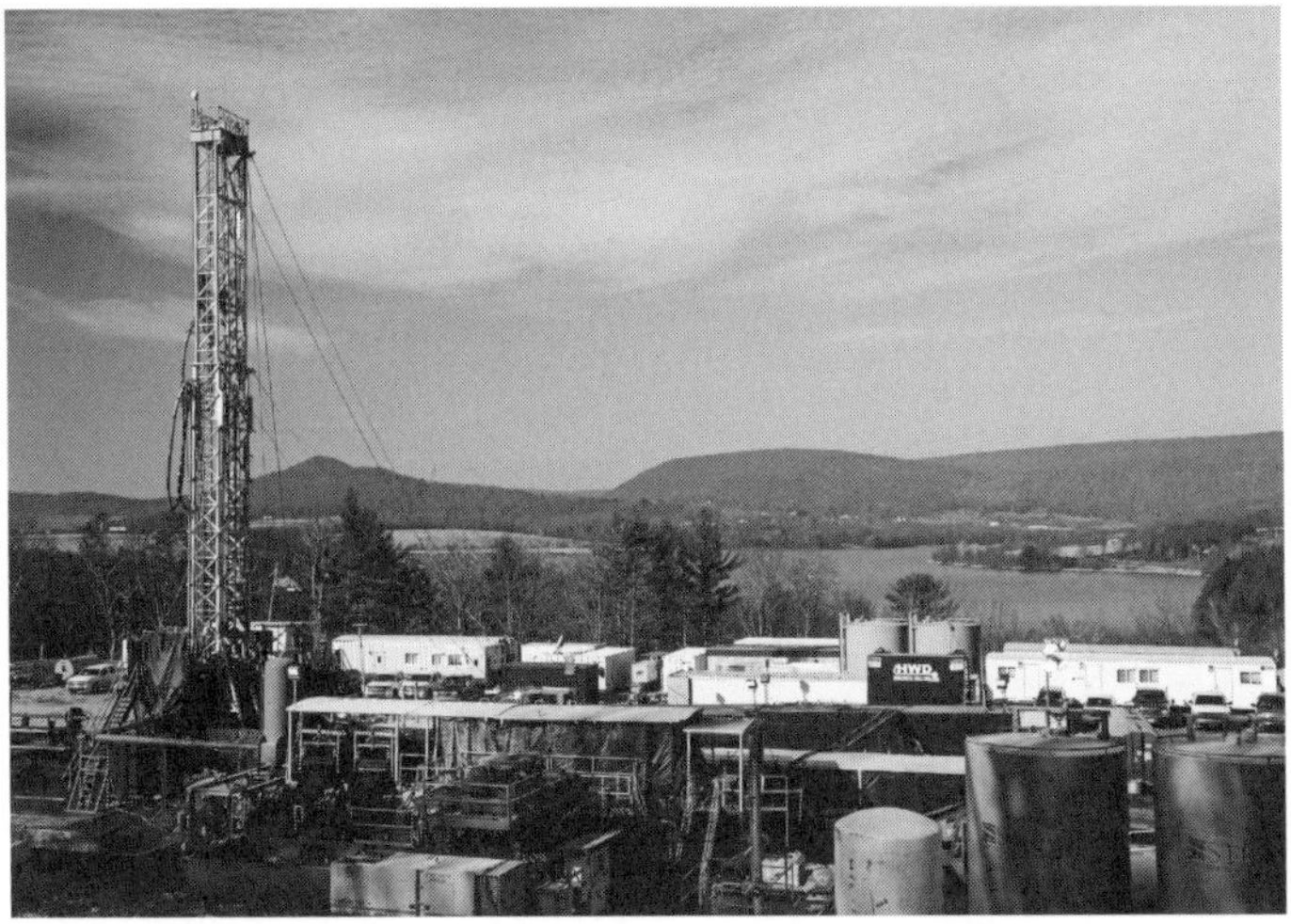
写真⑥—アメリカ、ペンシルベニア州にあるシェール鉱区での掘削風景｜©SPL/PPS通信社

アメリカは、もうエネルギー資源を中東に依存する必要がなくなります。アメリカは世界最大の石油輸入国でもありましたから、石油市場にも大きな変化が出てきます。

石油が市場の中で余るようになってきます。原油価格も値下がりします。最初に悲鳴を上げたのが石油産出国のひとつ、南米のベネズエラです。ＯＰＥＣ加盟国全部で生産調整をして、流通量を減らし石油の値段を高くできないか、と提案しました。

ところが、ＯＰＥＣの会議でベネズエラの提案は否決されました。サウジアラビアやカタールが反対したのです。石油の生産量を減らしたら、世界中がＯＰＥＣの石油ではなく、アメリカのシェールオイルを買うようになるのではないか。それは困る、というのが理由です。ＯＰＥＣが石油を減産しないと発表したとたん、ますます石油の値段は下がりました。

ＯＰＥＣ側も、何も手を打たないわけではありません。たとえば、サウジアラビアは、低価格競争にアメリカが音を上げるまで、ぐっと我慢をしているのです。サウジアラビアの場合､原油１バレルあたりの生産コストが15ドルから20ドルぐらいだといわれています。

一方、アメリカのシェールオイルは、１バレルあたり、40ドルから80ドルぐらいのコストがかかります。原油価格が１バレル50ドルくらいになると、アメリカの会社は赤字になってしまうところが多い。サウジアラビア側は、利益は少ないけれど、赤字にはなりません。

低価格競争で、アメリカのシェールオイルの会社がどんどん倒産していけば、シェールオイルの生産量は減ります。そうなれば、サウジアラビアをはじめとする中東に石油の覇権は戻ってきます。

さらにサウジアラビアの政治的な思惑も見え隠れします。サウジアラビアは、歴史的にイランと対立を続けています。サウジアラビアはイスラム教のスンナ派（スンニ派）、イランはシーア派です。さらに、イランはアラブ民族ではありません。アーリア人の流れをくむペルシャ人。かつてペルシャ帝国に支配されていたことによる、歴史的な恐怖や恨みもサウジアラビア側にはあるのです。

イランも産油国ではあるのですが、生産コストが高く1バレル100ドルぐらいで売らないと利益が出ません。1バレルが50ドルを下回っている状態では、イランは非常に苦しいのです。サウジアラビアは、もう少し我慢をして、イランをもっと痛めつけようとしています。

ここで、内戦が続くシリアが登場します。シリアのアサド政権というのはシーア派系に属しています。イランは考え方の近いアサド政権を応援しています。一方、アサド政権と対立している反政府勢力はスンナ派の住民。サウジアラビアやカタールが反政府勢力を応援していています。

原油価格が下落すると、イランは経済的に困窮します。すると、アサド政権を支援し続けられなくなる。反政府勢力を応援するサウジアラビアは、それも狙っているのです。シリアでのサウジアラビアとイランの代理戦争が、原油価格を押し下げている一面もあるのです。

日ロ関係にも大きな影響を及ぼす石油価格

また、アメリカとロシアの対立も原油価格の下落が一因といわれています。２０１４年にロシアは、ウクライナからクリミア半島を奪って併合しました。アメリカをはじめとする国際社会は、ロシアの行為を非難し経済制裁を行います。

ロシアも石油や天然ガスがたくさん採れる国です。しかし、原油価格が下落を続けると、経済的に立ち行かなくなる。アメリカ側の思惑としては、経済制裁を行い、さらに原油価格が下がればロシアを痛めつけることができる。アメリカが原油価格下落方向にかじを切っているひとつの理由ではないかといわれています。

原油価格は、中米カリブ海の島国キューバにも影響を与えます。東西冷戦時代、世界がアメリカグループとソ連グループに分かれていた時に、キューバはソ連側についていました。小さな島国が、アメリカと対立できた理由も石油です。

キューバは資源のない国ですが、ソ連が大量の石油を安く譲ることによって経済が成立していたのです。ソ連崩壊後、石油が入手できなくなったキューバは、経済的に大きな打撃を受けます。そこに助け舟を出したのが、反米色を強く出していた南米ベネズエラです。ベネズエラの石油で、キューバは何とかひと息ついていました。

ところが、シェール革命によって原油価格が下落すると、ベネズエラもOPECに生産調整をしてほしいと泣きつきます。キューバを応援し続けることができなくなりました。キューバは、もう経済的にやっていけません。そこで、アメリカとの関係改善に向けて国交正常化交渉をすることになったというわけです。

シェール革命は、日本とロシアの関係にも影響を及ぼします。アメリカでシェールガスが大量に採れるようになると、それまでアメリカへ輸出していた中東の天然ガスの売り先がなくなってしまいます。輸出先を探さなくてはいけません。そこで、ヨーロッパに対して交渉を始めました。

ヨーロッパは、それまでロシアから天然ガスを買っていました。しかし、中東から安い天然ガスが輸入されるようになれば、ロシアの天然ガスを買う必要がなくなります。

さて、ロシアは困りました。ロシアの天然ガスの主な生産地はシベリア周辺。さらに東を見ると、日本があります。日本は天然ガスをほしがっています。突然、ロシアのプーチン大統領が日本との関係改善に動き出したのにはそういう背景があったからです。

日本とロシアの間には、北方領土問題があります。北方領土問題を解決すれば、日本がたくさんの天然ガスを買ってくれるだろう。ロシアが天然ガスを掘り出すための技術や資金を提供してくれるだろう。北方領土問題の解決に向けて、急にプーチン大統領が日本に発言を始め、日ロ関係が急激に改善してきたのも、アメリカのシェール革命がもたらした原油価格の下落が大きな影響を及ぼしているのです。

アジアへのシーレーンは、誰が守る？

シェール革命によって、アメリカは世界最大級の産油国となり、エネルギーの完全自給が可能になりました。このことは、日本にとっても、大きな意味を持っています。

石油を運ぶ海路のことをシーレーンといいます。日本を含むアジア各国へのシーレーンは、サウジアラビアなどペルシャ湾岸にある中東の産油国からホルムズ海峡を通り、アラビア海、ベンガル湾、マラッカ海峡を通って、南シナ海を経由して日本へと続きます（地図㉙)。ルートはひとつではありません。これまでは、中東から大量の石油を輸入していたアメリカ海軍が、このシーレーンの海域を守っていました。

Q もし、アメリカ軍が中東から撤退すれば、この海域はどこの国が守ることになるのでしょう。

――**日本?**

おおっと。大胆な意見だけど……。地図をよく見てください、南シナ海の矢印を。日本のほかにもこのシーレーンを使って石油を運んでいる大国があるでしょう。

――**中国。**

そうです。中国です。現在、中国はこのエリアに海を埋め立てて自国の海軍が停泊でき

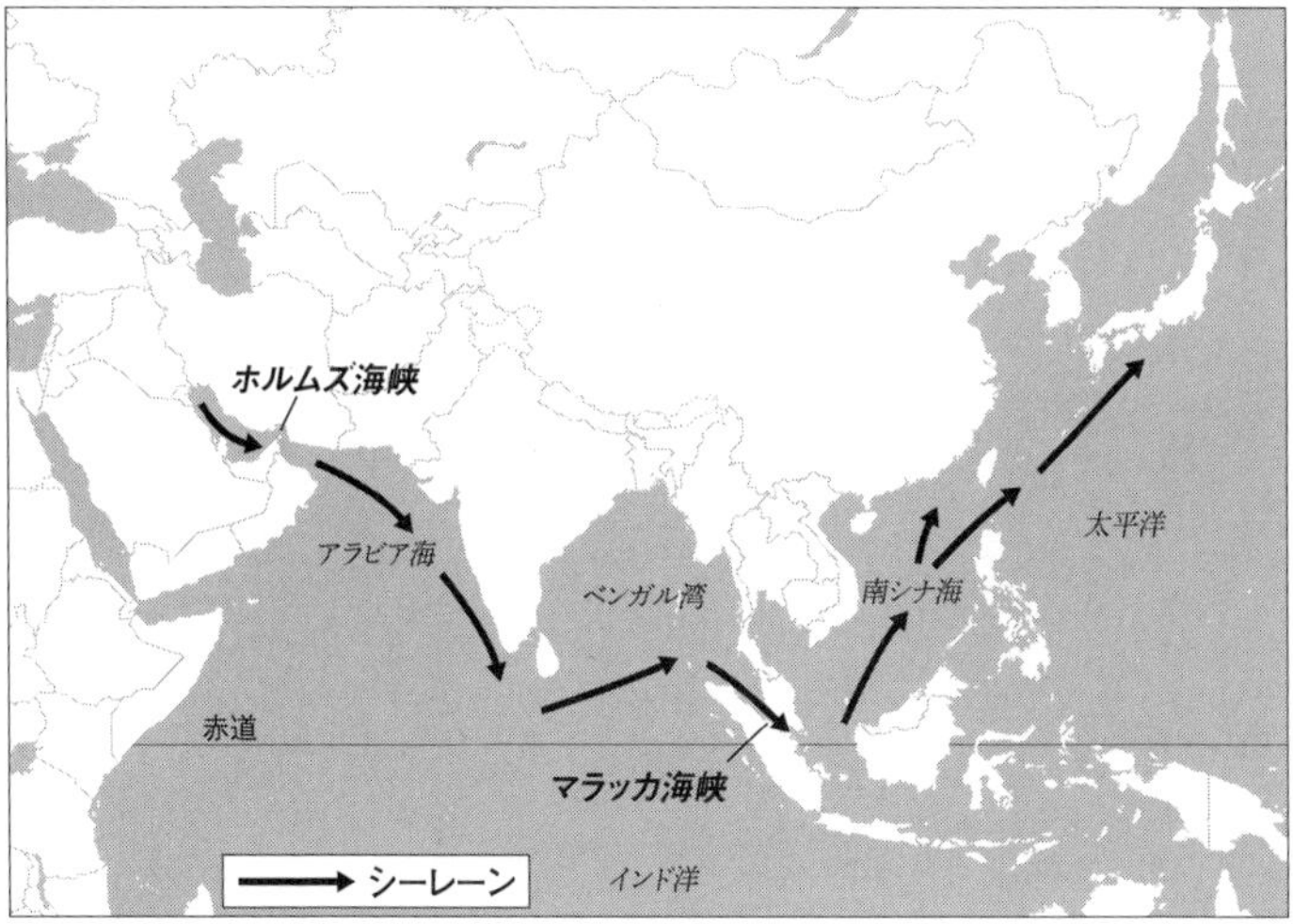

地図㉙―シーレーンの一例|出典:アメリカ国防省

る港を建造しています。将来、このシーレーンを中国海軍が守るということになったら、どうなるでしょう。中東をめぐる国際情勢も、アメリカ主導から中国主導に変わってくるかもしれません。

そうなると、日本もこれまでのように安心していられません。今後の日中関係がどうなっていくかにもよりますが、一朝一夕に改善するとは考えられません。

中東の海域には海賊も多く、これまでもたびたびトラブルが起こっています。日本も、できれば安全な国から石油を輸入したい。それはどこか？　そう、アメリカですね。

アメリカは世界有数の産油国です。しかしオイルショック以降、自国での消費を最優先させるため、国内で産出された石油の輸出を禁止していました。それは、なぜか？　石油の自給率が高いと、ＯＰＥＣの価格操作に左右されず、アメリカ国内に流通する石油の価格を安く抑えることができます。産業も活性化するし、戦争等の有事の時、エネルギーを大量に持っている国が有利なことは自明です。

シェール革命によって世界最大の産油国となったアメリカは、２０１５年にシェールガスの輸出を解禁しました。しかし、アメリカの場合、自由貿易協定（ＦＴＡ）を結んでいない国へのエネルギー輸出は禁止されています。日本は、ＦＴＡを結んでいないので、現状では輸入することができません。ここでＴＰＰ（環太平洋経済連携協定）が出てきます。

日本がＴＰＰの交渉に参加したことで、ＦＴＡを結んだのと同じだとみなされ、アメリカからエネルギー資源が輸入できることになったのです。

しかしアメリカからの輸入を実現するためには、物理的なハードルも残っています。シェールガスは、液化天然ガス（ＬＮＧ）にしないと海外には輸出できません。これまで輸出していなかったアメリカには、そのためのプラントがなかったのです。

そしてもうひとつ難問がありました。シェールガスの油田は、テキサス州を中心に広がっています。日本に向かうためには、メキシコ湾からパナマ運河を通って、太平洋に出る必要があります。プラントが完成してＬＮＧがつくれるようになっても、ＬＮＧのタンカ

写真⑦―パナマ運河の拡幅工事｜©George Steinmetz/PPS通信社

ーは横幅が広く、パナマ運河を通れないのです。

現在、パナマ運河の拡幅工事が始まっています（p169写真⑦）。この工事は、日本の企業が請け負っています。その先には、アメリカからシェールガス・オイルの輸入が開始されれば、日本も情勢が不安定な中東に依存し続ける必要がなくなるのではないか、という思惑があります。

シェール革命の明暗

シェールガス・オイルの開発をめぐっては、企業間で明暗が分かれ始めました。サウジアラビアが仕掛けてきた原油の低価格競争によって、利益を出しにくくなったアメリカのシェールガス・オイル企業は、お金のかかる油田開発に対する投資を抑制し始めました。２０１５年には掘削設備の稼働率は全盛期（２０１４年10月）の60％まで低下しました。

日本企業の間でも、先行していた、三菱商事や三井物産が投資している油田の中には、利益を出し始めているところもありますが、伊藤忠商事は、１０００億円の減損を計上し、シェールガス開発から撤退。住友商事も総額２４００億円もの損失を出して、大型油田の開発からは手を引いています。

ここで、シェールガス・オイルの産出量を見てみましょう。掘削設備の稼働率は低下しても、産出量は増え続けていますね（図表⑩）。その理由は、開発や生産の技術革新が進み、1油田あたりの生産量が伸びているからなのです。シェール企業の間でも、勝ち組と負け組がはっきりしてきたのですね。

さらに、シェール開発をめぐっては、水に化学薬品や砂粒を混ぜて頁岩層を掘削する水圧破砕法による水質汚染も指摘されています。環境問題に対する対応も、今後の大きな課題です。

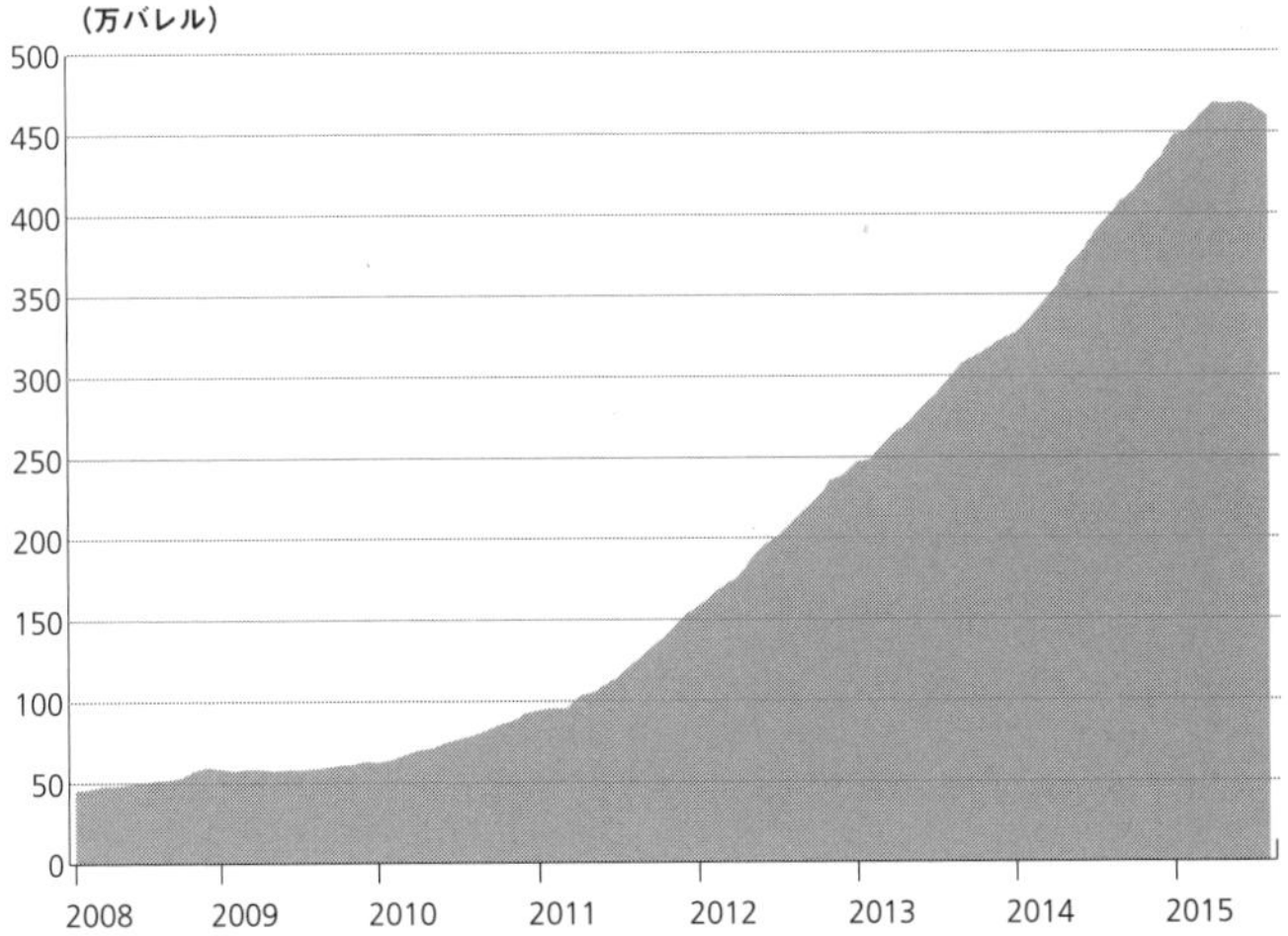

図表⑩—アメリカの主要シェール鉱区の原油生産量（日量）

｜出典：アメリカ、エネルギー情報局（EIA）2015年6月

石油依存から、新しいエネルギーへ

それでは、今後も世界のエネルギーは石油を中心に回っていくのでしょうか？　1973年のオイルショック以降、石油だけに依存する危険性が認識され、LNGや石炭などほかのエネルギーをもっと有効活用しようという動きが出てきます。

2011年3月11日に発生した東日本大震災による東京電力福島第一原子力発電所事故を機に、日本のエネルギー政策は大きな転換期を迎えています。石油に依存する火力発電から原子力発電へと移行を進めていた日本ですが、もう原子力発電だけに依存することはできません。

その中で注目されているのが、石炭です。石油のように地域的な偏りがなく、世界中で採掘できます。石油のように国際紛争や政情不安の影響を受けにくく、価格も安定しています。

ただ、石炭は地球温暖化の原因となる、二酸化炭素（CO_2）の排出量が多いのが弱点です。硫黄《いおう》酸化物や窒素酸化物など大気汚染物質も排出します。世界中で、クリーンな石炭エネルギーをつくる技術が開発され、石炭をガス化させてタービンで燃焼させるという新しい方式も生まれました。

地球温暖化とエネルギー政策

これからのエネルギー問題を考える時に、地球温暖化対策を避けて通れません。石油や石炭など化石燃料を大量に燃やし続けた結果、技術は進歩し、生活は豊かになりました。それと引き換えに、二酸化炭素をはじめとする温室効果ガスが大量に放出され続けました。温室効果ガスはその名のとおり、地表から放射される赤外線を吸収して、地球の温度を高くします。

地球温暖化が及ぼす影響のひとつに、海水面の上昇があります。南太平洋の島国、ツバルは、最大標高3メートルしかありません。海面の上昇によって、この島は沈み始めています。

キリバスのタロ島では、2014年に島民全員約800人が近くの島に移住することを決めました。2015年には、同じくアバヤン島沿岸の村人200人以上が内陸部に引っ越しました。

このまま海面が上昇を続けると、南太平洋の島国を中心に、人が住めなくなる島が多く出てきます。

国連の「気候変動に関する政府間パネル」（IPCC）が発表した報告書によると、温暖化対策がとられなかった場合、2081〜2100年の世界の平均海面は45センチから82センチの範囲で上昇している可能性が高いと予測されています（1986〜2005年の平均海面を基準にした場合）。

世界各国も無策を決めこんでいるわけではありません。1997年に京都で開催された第3回気候変動枠組条約締約国会議（地球温暖化防止京都会議、COP3）で、いわゆる「京都議定書」が採択されました。1990年を基準に、2008年からの5年間の平均で、温室効果ガスをどのくらい減らすか、各国が目標値を出しました。日本は6％削減を約束しました。実現が危ぶまれましたが、リーマンショックなどの不況もあって、削減に成功しました。

しかし対策に取り組んでいるのは、日本やEUなどの一部の先進国だけです。しかもアメリカはクリントン政権時代に決めた削減目標の実施を、次のブッシュ政権は拒否しました。先進国の足並みもそろっていなかったのが実情です。

しかし、地球温暖化の進行は、待ってくれません。2014年には20回目の会議（COP20）が、南米ペルーの首都リマで開催されました。ここでは、先進国も開発途上国も、すべての国が温室効果ガスの排出削減目標をつくることで合意。２０１５年12月にパリで開催されるＣＯＰ21で、その具体的な目標値が決定されます。世界中が、地球温暖化の抑制に向けて、真剣に動き始めているのです。

18世紀後半から始まった産業革命以降、石炭や石油は私たちの生活を豊かにするとともに、紛争の原因にもなってきました。

しかし、ターニングポイントを迎えた今、太陽光、風力、地熱など自然エネルギーも含めて、これからの世界のエネルギー政策がどう動いていくのか、注目していきましょう。

第5章
「文化」から見る世界

アメリカでは、『ドラえもん』の描写はこう変わる

日本で大人気のアニメ『ドラえもん』。2014年にアメリカで放送が開始されました。ところが、『ドラえもん』の舞台設定は、ちょっと懐かしい日本の家庭そのものでしょう。アメリカにそのままもっていくわけにはいかないよね、ということで、『ドラえもん』で描かれているいくつかのシーンが、少し日本版とは違っているのです。実例を見ながら、なぜそうなっているのか考えていきましょう。

まず、台所で家族そろって食事をしているシーンです。アメリカ版を見ると、ご飯はフォークとナイフで食べています。でも、お茶碗はそのままです。少し違和感はありますが、大幅な修正を行うとそれだけコストがかかりますから、完全にアメリカの家庭を舞台にすることはできなかったのでしょう。

次に食事の内容を見てみましょう。日本版は、寿司にうな重。アメリカ版では、肉料理に変わっています。オムライスもパンケーキに変更されています。日本では子どもたちに人気のあるオムライスが、アメリカの家庭では一般的ではないのだということがわかります。お金も当然、日本版では日本の千円札。アメリカ版では、5ドル紙幣に変わっていま

す（p180写真⑧）。

私たちがアメリカ版を見ると、違和感がありますよね。でも、日本独自の文化や風習をそのままにアメリカで放送しても、理解できないことが多いのです。アメリカと日本の違いを踏まえて作品をアレンジする、スタッフの苦労の跡がうかがえます。

所変われば常識も異なる

こういう文化風習の違いは、日米間だけではなく、たとえばお隣りの韓国との間でも見ることができます。

Q 韓国で日本の食事シーンをそのまま放送すると、問題が起こります。さて、どんな問題でしょう？

――韓国では、茶碗を持ち上げちゃいけないっていうことですか？

そういうことですね。韓国では、茶碗を持ち上げて食事するのは、マナー違反。礼儀正しくない振る舞いなのです。日本の感覚からすると、不思議ですね。私たちは、子どもの頃から「お茶碗はちゃんと手で持って食べなさい」と教えられます。しかし、韓国では、

箸

寿司・うな重

フォーク

肉料理

写真⑧—**『ドラえもん』日本版とアメリカ版の描写の違い**

アメリカで理解されやすいように、内容が変わっています。
日本では人気のあるオムライスがパンケーキになっているのが
興味深いですね。アメリカでは、なじみがないことがわかります。

日本版

日本円

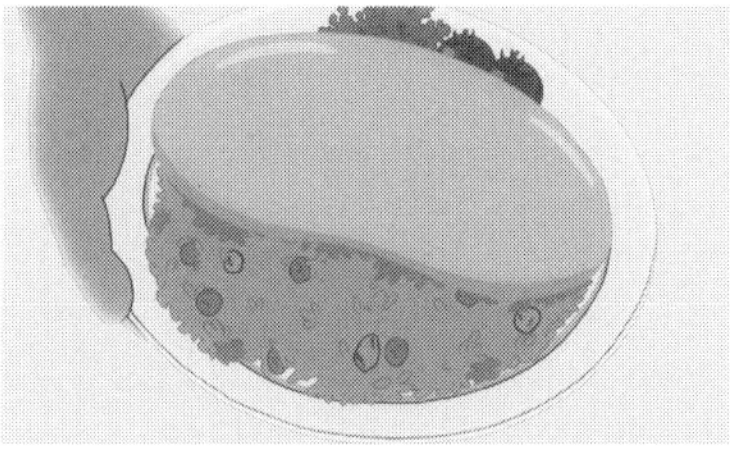

オムライス

アメリカ版

アメリカドル

パンケーキ

茶碗はテーブルの上に置いたまま、そこに箸を伸ばして食べる。同じようにお茶碗と箸を使う国でも、風習、慣習に違いがあるのです。

食事の際、箸を使うのは日本や中国、韓国などアジアの国が中心です。しかし最近では、中華や和食が世界中に広まって、上手に箸を使う外国の人も増えてきました。フランスでは、日本食が大変なブームになっています。特にパリでは、ラーメンが大人気。日本のラーメン店が軒を連ねるエリアもあります。そこにいくと、パリジェンヌたちが器用に箸を使ってラーメンをすすっている光景に驚きます。日本の若者よりも箸の使い方が上手な人がいるくらいです。

一般に、欧米の食事では、ナイフとフォークを使います。今では日本でも普通に使いますが、私が若い頃は、ナイフとフォークを使っての食事は、親戚の結婚式など特別な席でのことでした。ナイフを右手に持つのか、左手に持つのかすら、知らない人も多かった。当時は大学進学率がまだ低く、高校を卒業してすぐに就職する若者のために、社会に出た時に恥をかかないようにと、テーブルマナーの講習会が行われていました。

インドやアフリカでは、食事は手づかみで食べるのが当たり前だという地域がたくさんあります。外国からお客さまを迎える時には、ナイフとフォークを用意してくれる家もありますが、基本的には手づかみ。食事の作法ひとつとっても、それぞれの地域、あるいは時代によって異なるのだということです。

続いて、トイレの話です。つい数十年前まで、日本では和式トイレにしゃがんで用を足すのが当たり前。まだ洋式トイレがめずらしい時代でした。当時、欧米風のホテルができた時に、ホテルのトイレには洋式トイレの使い方が絵で説明されていました。

日本には便座に座って用を足す習慣がないし、そもそも洋式トイレの使い方がわからない。便座に両足を乗せて、またがって使う人も続出したそうです。学校のトイレや公衆トイレが洋式になると、ほかの人が座ったところに座るなんて不潔だ。こんなトイレでは用を足せない、という声も上がりました。それが今では、日本でも洋式トイレが大部分を占めていて、和式トイレを使ったことがない子どももたくさんいるようです。

トイレで用を足した後お尻をどうやって拭くか、という問題にも触れておきましょう。実はトイレットペーパーなど紙で拭くのは、少数派。世界の多くの地域では、紙を使いません。特に途上国では、紙は貴重品です。何を使うかというと、水なのです。といってもシャワートイレではありません。インドの場合、お尻は水を使って手で洗うのが当たり前。右手で水を持ち、左手でお尻を洗う。もちろん、その後きれいに手を洗います。インドでは食事は手づかみです。当然、お尻を洗う左手では、ものを食べません。私たちの常識が常識ではない地域がたくさんあるということです。

文化に合わせてカスタマイズ

アメリカ版の『ドラえもん』のように、それぞれの国に合わせて内容を変えることをカスタマイズといいます。アニメにかぎらず、世界的に事業展開している企業は、必ずカスタマイズを行っています。

たとえば、マクドナルドのメニューで考えてみましょう。日本でいちばん人気があるのは、チーズバーガーではなく照り焼きバーガーです。しょうゆ味の照り焼きバーガーは、日本のオリジナル商品。本国アメリカのメニューにはありません。

Q インドでハンバーガーを作る時、困った問題が起きました。さて、どんな問題が起こったのでしょう？

――**宗教上の理由で、牛を食べてはいけないから、ハンバーガーが作れない。**

宗教上の理由って、どうして？

――**牛が神様の使いだから食べちゃいけないっていう……。**

そうだね。インドはヒンドゥー教の国です。ヒンドゥー教は、多神教でいろいろな神様がいるのですが、そのうちのシヴァ神の乗り物が牛なのです。神様の使いである牛を食べることは禁じられています。ですから牛肉を使ったハンバーガーは、インドでは展開できません。そこで、チキンバーガーなど牛肉以外のメニューを考えるわけです。同様に、イスラム教の国では豚肉が使えません。企業活動においても、それぞれの国や地域の文化に合わせたカスタマイズが重要なのです（写真⑨）。

コンビニエンスストアのセブン－イレブンが日本に初出店した時のことです。セブン－イレブンも、もとはアメリカの会社。当然、アメリカの出店ルールを日本にも適用しようとしました。アメリカは車社会。コンビニエンスストアにも、必ず広大な駐車場が必要で

写真⑨—インドのマクドナルドの店内｜©alamy/PPS通信社

す。日本でも、同様に広い駐車場を用意しなさいと注文をつけてきた。日本側は駐車場など必要ないと、対立したそうです。

結果的に、日本側の言い分が通って、第1号店は東京の江東区の道路に面した場所に、駐車場を持たない店をつくりました。もし、その時にアメリカ側の主張のまま店舗計画を立てていたら、現在の大成功はなかったかもしれません。広い駐車場を持たないコンビニエンスストアというのは、日本的にカスタマイズされたものなのです。

東京ディズニーランドも日本上陸の際、カスタマイズが行われました。ディズニーランドには夢の世界をつくり上げるための、厳格なルールがたくさんあります。入場者についても制限があったのです。それは、制服を着た人は入場できないというルールです。アメリカの場合、制服といえば、軍隊。もしも、軍服を着た人がディズニーランドの中を歩いていると、夢の国が、突然、現実になってしまいます。

東京ディズニーランドでも、制服を着ている人は入場禁止とのルールがアメリカから提示されました。ところが、日本側は激しく抵抗しました。それはなぜか。制服を禁止すると修学旅行生を受け入れることができなくなるからです。

アメリカの学校には、制服はありませんし、修学旅行という制度もありません。日本側の主張は理解不能なわけです。話し合いを重ね、結果的に日本側の主張どおり制服はＯＫ

となりました。マニュアルをカスタマイズしたわけです。

他国の生活文化を理解することによって、驚くような新商品が生まれることもあります。たとえば、ユダヤ教徒たちは、安息日である金曜の日没から土曜の日没まで、火を使ってはいけないことになっています。もちろん料理をするにも火は使えません。あらかじめ作り置きしておきます。

作り置きした料理は、冷蔵庫に入れて保存します。しかし、冷蔵庫は扉を開けた時に庫内に電気がつきますよね。ユダヤ教では明かりをつける行為=労働とみなされるので、電気の使用も禁じられているのです。

そこで、金曜の日没以降土曜の日没までの間、タイマーが働いて電気がつかない冷蔵庫というのが登場しました。この冷蔵庫を開発したのは韓国のサムスンです。

サムスンは、若手社員を世界各地に派遣し、1～2年間会社の仕事はせずに言語を習得して人脈をつくり、ひたすら現地に溶けこむ生活をさせるそうです。生活の中から現地のニーズを探り、新商品開発のアイデアにつなげているのです。

ユニークな例では、インドの富裕層向けに、メイドのつまみ食いを防ぐための鍵つき冷蔵庫も作りました。

また、中東向けの携帯電話にはコンパス（磁針）をつけました。メッカの方向がどこにいてもわかるため、1日5回礼拝をするイスラム教徒にとって便利な機能だったのです。それぞれの国の文化を理解することが、ビジネス・チャンスにもつながっていくわけですね。

アニメが世界文化交流の架け橋となる

『ドラえもん』は、日本だけではなくアジア諸国において絶大な人気を誇っています。アジア最貧国といわれるバングラデシュでも、たくさんの子どもたちがドラえもんの絵がついたバッグを持っていました。ただ、「ドラえもん」ではなくて、「ドラモン」になっていましたが。

『ドラえもん』は、ヨーロッパやアメリカでは意外と知られていない。どうしてでしょう。私見ですが、やはり『ドラえもん』の世界観は、古きよき日本のイメージなのです。非常にアジア的で、欧米の子どもたちにはピンと来ないのではないかと思います。アメリカで放映されるアニメがどんな評価を受けるのか、それもまた興味深く見ていこうと思います。

Q『ドラえもん』はアジアではとても有名ですが、世界中で人気の高い

日本のアニメをあげてください。

――『キャプテン翼』

――『ポケットモンスター』

英語圏の国では、ポッキモンって言いますね（笑）。ほかには？

――『ドラゴンボール』

――『NARUTO』

『NARUTO』ね。以前、ヨーロッパの片田舎を歩いていたら、コスプレをした若者たちに遭遇。コスプレはNARUTOだった（笑）。女の子のアニメはどうかな？

――『セーラームーン』

はい。前に、日本語を勉強している外国人のスピーチコンテストの司会をしたことがあるのですが、何で日本語を勉強するようになったの？　と聞いた時に、女の子の多くは『セーラームーン』を見て、日本語に興味を持ったという人が多かったですね。それほど、日本のアニメは世界で有名なのです。ここで、日本のアニメーションが海外文化に与えた影響をお話ししましょう。

2003年にアメリカがイラクを攻撃してフセイン政権を倒した後、日本の自衛隊がイラクのサマーワに派遣されました。内戦状態で、かなり危険な地域です。ここで現地の人たちの復興支援の一貫として給水車を走らせていましたが、どうも目立っていませんでした。そこでイラクの子どもたちに大人気の『キャプテン翼』をペイントしたのです（写真⑩）。イラクは子どもからお年寄りまで誰もがサッカーが好きなお国柄。『キャプテン翼』は現地では『キャプテン・マージド』という名で親しまれていましたが、マージド＝翼くんが日本人であることは知られていなかったそうです。『キャプテン翼』ペイント計画は実行され、大好評。翼くんは貴重な水とともに子どもたちに夢や希望を届けたと言われています。

『ポケットモンスター』は、アメリカで大人気です。アメリカの大統領選挙を取材するために、アイオワ大学を訪れた時のことです。

写真⑩—サマーワで活躍した、『キャプテン翼』の絵がついた日本の自衛隊の給水車
｜外務省HPより

テレビ東京の仕事だったのですが、大学側からどんな番組をやっている放送局かと質問されたのです。スタッフのひとりが「ポッキモン」といったとたん、みんなに大歓迎されました。アニメの力ってすごいと、実感した瞬間でした。アニメによって、日本に興味を持ち、日本語を学ぶきっかけになる。まさに文化の架け橋となっているのです。

日本のアニメや漫画が世界を魅了する理由

海外で人気の高いアニメなど日本のポップカルチャーを、ジャパンクール、またはクールジャパンと呼びます。クールとは、もともとは冷たいという意味ですが、この場合は、「かっこいい」という意味ですね。海外にも独自のアニメや漫画があるはずなのに、なぜ日本の作品は人気が高いのでしょうか。

理由のひとつに、アニメや漫画にこめられた、愛、友情、根性、情熱などのメッセージ性があげられます。海外ではアニメや漫画は、小さな子どもたちのもの。複雑なストーリーや感情をこめた作品は少なく、絵本のようなシンプルな作品が主流です。ところが日本では、手塚治虫に影響を受けた漫画家たちが、小説や映画に負けないようなメッセージ性の高い作品を次々と生み出しました。大人でも感動する、深い内容です。それが海外のフアンを驚かせました。

さらに、日本の漫画界には激しい競争があります。『少年ジャンプ』『少年サンデー』『少年マガジン』など、漫画雑誌には必ず人気投票のアンケートが毎号実施されています。毎週人気ランキングが集計され、人気のない作品はあっという間に打ち切られてしまう。一方、まったく無名の漫画家であっても、読者からの支持を得られれば、長期連載が続きます。ひとつの作品が、漫画雑誌の売上を大きく左右することさえあります。『週刊少年ジャンプ』は『ドラゴンボール』の連載によって飛躍的に部数を伸ばし、連載が終わった後、部数が減りました。激しい競争の中で、作品の質も磨かれてきたのです。

1963年に日本で初めて連続テレビアニメとして制作されたのが、手塚治虫の『鉄腕アトム』。私も子どもの頃、わくわくしながら放送を楽しみにしていました。主人公は、アトムという少年の姿をしたロボットです。人間同様に喜怒哀楽があり、悩み、傷つきます。顔の表情までくるくる変わる。

これは日本特有のロボット観で、外国にはこういう発想はありません。ロボットは人間のコントロール下にあるもので、自らの意思を持っていないという考え方です。ところが日本の場合は、『鉄腕アトム』以来、ロボットと人間が非常に近しい関係に描かれます。その潮流の中で、のび太やジャイアンなど人間の子どもたちと一緒に遊ぶ『ドラえもん』

のようなネコ型ロボットも登場しました。

ところで、日本人のロボット観は、社会の中にどんな影響を与えたのか。たとえば、自動車工場の生産ライン。エンジンを組み立てたり、車体をつくったりする、あらゆる場面で専用のロボットが活躍しています（写真⑪）。日本の工場の人たちは、そのロボットひとつひとつに名前をつけるのです。人気の歌手や女優さんの名前がよくつけられているそうです。これはヨーロッパやアメリカではちょっと信じられない感覚です。ロボットを擬人化して、今日は機嫌がいいとか悪いなどと話している。人間扱いすることで、ロボットと一緒に仕事をすることに何の抵抗感もなくなり、いたわりの気持ちまで抱いているのです。日本の自動車産業が大きく飛躍した理由のひとつ

写真⑪—日本のさまざまな現場で活躍する産業ロボット｜©SPL/PPS通信社

に、日本人のロボットに対する親近感があるともいわれています。

共産主義と表現の不自由

反日のイメージが強い中国でも、若者たちの間で日本のアニメは大人気です。コスプレのショーもよく開催されています。

なぜ、中国では日本のアニメが人気なのでしょう?

中国は、共産党による事実上の一党独裁。国民全体が守るべきイデオロギーや思想が決まっています。テレビや新聞に限らず、アニメや漫画などの作品にも共産党の主張を忠実に伝えることが求められます。政府の方針に逆らったり、批判したりするような作品は許されません。

中国の若者に実際取材してみると、日本のアニメには、多様な感情表現があり、さまざまな人間模様が描かれていて、びっくりするくらいおもしろいのだと答えました。国の厳しい規制下で、ひとつの枠の中だけでしか表現できないと、自由な芸術作品は生まれにくいのだということを、改めて感じました。

中国では、海外映画の公開本数に規制があります。公開される映画のほとんどは、アメリカのハリウッド映画です。日本映画はどうかというと、日本政府が尖閣諸島を国有化した２０１２年9月以降、一本も公開されていませんでした。

ところが日本でも大ヒットした３Ｄ映画『STAND BY ME ドラえもん』が、２０１５年に中国で公開が許可されました。公開12日めで日本での興行成績を抜くほどの大ヒットを記録しました。

同じく共産圏のロシアは、どうでしょう。まだソ連だった時代、優れたＳＦ小説が多数出版されました。しかし、ソ連の作家の作品は、その多くが遠く太陽系から離れた、まったく別の宇宙や想像上の惑星が舞台になっています。

それは、どうしてなのか。当時のソ連は、ソビエト共産党の統制下にありました。そこでは、社会主義は素晴らしい、社会主義は資本主義に打ち勝つんだ、と喧伝《けんでん》されていたのです。ということは、ＳＦ作品で未来を描こうとしたら、世界中がすべて社会主義になっていなければいけないわけです。仮に地球の未来を描いた場合、その世界が社会主義体制下にないと、お前は社会主義の優位性を信じていないのかと、問題にされてしまいます。その点、地球からはるか離れた未知の世界に行けば、どんな社会でも描けます。

自由な心から生まれる芸術作品というのは、自由な社会であって初めて成り立つのです。日本のアニメが世界中で人気を博しているのは、結局、日本がきわめて自由な社会だという証明なのかもしれません。自由だからこそ、さまざまな表現が生まれ、世界の人を夢中にする素晴らしい作品が生まれるのだということです。

ジャーナリズム精神と表現の自由

表現の自由性を考える時に、アメリカの映画にこめられたジャーナリズム精神を思い出します。

たとえば、現役大統領の犯罪として世界を驚かせたウォーターゲート事件。大統領選挙でライバルだった民主党の全国委員会の部屋があったウォーターゲートビルに共和党員が忍びこみ、情報を盗もうとして警察に捕まったのが、事の発端です。そのうちに大統領執務室にニクソン大統領自らが盗聴器を仕掛け、室内の会話をすべて録音していたことが発覚します。録音自体は自分の功績を後世に残すための資料としての記録でした。しかし、そのテープの中に、ある事件のもみ消しを指示する会話も録音されていたのです。

密告者からその情報を得たワシントンポスト紙のふたりの若い記者が、大統領を追い詰めます。怒ったニクソン大統領陣営は、新聞社に圧力をかけます。いかに自分たちが正しくとも、勝ち目はないかもしれません。

しかし、ワシントンポスト社主のキャサリン・グラハムは、いざとなったら私が刑務所に行けばいいんだからと言って、若い記者のスクープ記事を後押ししました。1974年8月8日、ニクソン大統領はついに辞任に追いこまれました。この事件は後に『大統領の陰謀』（1976年）や『ニクソン』（1995年）という映画になりました。映画の中でも、赤裸々に大統領の犯罪が描かれ、権力に対する痛烈な批判精神が感じられます。

アメリカでは、大統領を描いた映画が数多く製作され・公開されています（図表⑪）。綿密な取材でケネディ大統領の暗殺の真相に迫った『JFK』（1991年）。『華氏911』（2004年）では、マイケル・ムーア監督が痛烈な皮肉と批判をこめて、ブッシュ大統

図表⑪―**映画になったアメリカ大統領**（第二次世界大戦以後の大統領）

トルーマン	在任1945～53年	『Truman』（1995年、テレビ映画）ほか
アイゼンハワー	在任1953～61年	『将軍アイク』（1979年、テレビ映画）ほか
ケネディ	在任1961～63年	『ダラスの熱い日』（1973年）、『JFK』（1991年）ほか
ジョンソン	在任1963～69年	『ジョンソン大統領　ヴェトナム戦争の真実』（2002年、テレビ映画）
ニクソン	在任1969～74年	『大統領の陰謀』（1976年）、『ニクソン』（1995年）ほか
カーター	在任1977～81年	『Jimmy Carter : Man from Plains』（2007年）
レーガン	在任1981～89年	政治家になる前は映画俳優
クリントン	在任1993～2001年	『パーフェクト・カップル』（実名の登場ではないが、クリントン夫妻がモデル　1998年）
ブッシュ	在任2001～2009年	『華氏911』（2004年）、『大統領暗殺』（2006年）、『ブッシュ』（2008年）ほか
オバマ	在任2009～	『バラク・オバマ　大統領への軌跡』（2009年）

領とビンラディン家の親密な関係などを暴きました。

『ＪＦＫ』を製作したオリバー・ストーン監督は、『ブッシュ』（２００８年）も世に送り出します。この映画で描かれているジョージ・ブッシュ大統領は、優秀なパパ・ブッシュに対するコンプレックスのかたまりです。パパ・ブッシュとは、その名のとおりジョージの父親で、元大統領です。パパ・ブッシュは太平洋戦争の英雄で、大統領時代にイラク軍をクウェートから追い出した作戦は、高く評価されました。一方、息子のジョージ・ブッシュは、優秀とはいえませんでした。パパのコネで入学した大学でも成績は最低。乱闘事件を起こして逮捕され、パパに頼んで釈放してもらいます。

事業をやってもうまくいきません。「名門ブッシュ家の家名を汚す」と非難されます。パパは優秀な弟ばかりかわいがります。

弟がフロリダ州知事選挙に立候補すると聞いたジョージは、対抗心からかパパの反対を振りきってテキサス州知事に立候補します。弟は落選。しかしジョージは、勝利してしまいます。ここからジョージの幸運が始まります。「名門ブッシュ家の家名を汚す」とまでいわれたダメな男がアメリカ大統領になってしまうのです。

まるで漫画のような話ですが、すべて事実です。

ジョージが大統領時代に、なぜイラクのフセイン大統領を攻撃するのかと質問を受けました。「あいつはパパを殺そうとした悪いやつだ」と返答します。つまり、しごく個人的な恨みからアメリカの大軍を率いてフセイン大統領を攻撃したのです。

映画の中でパパ・ブッシュが息子に対して「人間にはその人の器というものがある」と諭すシーンがあります。器でない人物が、合衆国大統領になってしまったために、世の中に悲劇が起きたんだ、とも読み取れます。

歴史を記録するという発想

オリバー・ストーン監督は綿密な取材に基づいて映画を作ります。この映画の中で交わされる、ブッシュ大統領の会話は、ほぼ事実ではないかといわれています。

なぜ、大統領の発言をそれほど正確に取材できるのか。

アメリカでは、多くの政治家や政治ジャーナリストたちが、大統領や周辺の人物の言動を正確に記録しているからです。残念ながら日本には歴史を記録するという発想がありません。記録されないから、政治家に場当たり的な発言でお茶を濁す人が多いのです。

日本でアメリカのような政治家を批判する映画を作ることができるのか。

たとえば、安倍総理を映画で描くとすると、いったん政権を降りた男が、復活して再び総理に。自分がどうしてもやりたいことを進めていく。その結末は? そんな、あらすじになるでしょう。しかし、日本の映画界にそのような映画が作れるでしょうか。そう考えるとアメリカの映画界はすごいとしかいいようがありません。

映画から読み解く国際情勢

アメリカのハリウッド映画を見ていると、その時代によってアメリカの敵はどの国なのかということがよくわかります。たとえば、第二次世界大戦直後は、ドイツ人が、感情のない鉄面皮で、残酷な敵役として描かれました。

東西冷戦時代になると、世界はアメリカグループとソ連グループに二分されます。この時代には、ソ連のスパイが暗躍する映画が次々に作られました。ソ連が崩壊し東西冷戦時代が終焉を迎えると、誰にでもわかりやすい敵国が存在しなくなりました。

そこでアメリカは中東のテロリストを敵とみなします。そして、もうひとつは、共産党独裁の国、中国です。しかし、中国はその後急激な経済成長を遂げます。ハリウッド映画にとっては、世界で最も魅力的な市場となりました。すると、中国を敵にした作品は中国で公開できません。現在、ハリウッド映画に、中国を敵として描いたものはありません。

仮に中国を敵として描く必要がある場合でも、中国国内で封切る時には、中国を悪役には描かないよう別の編集が行われているそうです。

日本人はどうかというと、第二次世界大戦直後は、ドイツと同様、敵として描かれていましたが、そんな映画は日本に来ませんから、日本人の多くは気づかなかった。その後、ハリウッド映画の典型的な日本人は、背が低くて、出っ歯で、メガネをかけ、首からカメラをぶら下げ、どこへ行っても写真を撮るという劇画化された姿で描かれました。

クリント・イーストウッド監督の『硫黄島からの手紙』（２００６年）では、日本軍の将校を人間として描き、日本軍の兵士たちにも人間的な感情があり、家族を思い、祖国を思う気持ちがあるんだ、ということを描きました。日本人にしてみれば、当たり前だろうと思うのですが、実に画期的なことでした。よその国の人々の思いを伝えるのがいかに難しいことか。国が違う、民族が違う、宗教が違う。文化の違いを認め合う心を持たないと、これからの世界はますますぎくしゃくしたものになっていく恐れがあります。

みなさん方はこれから広い世界に羽ばたいていきます。いろいろな場所でよその国の人たちと出会うでしょう。その時に、よその国の文化を尊重し、違いを認め合う。そのことがとても大切なことだと思います。

第6章
「情報」から見る世界

東西冷戦がインターネットの生みの親

もしもインターネットがなかったら、私たちはどんな不便な生活を送ることになるのでしょう。メールもＳＮＳもウェブサイトも使えない毎日。もう想像できません。しかし、ほんの二十数年前までは、私たちはインターネットとは無縁の生活を送っていました。

Ｑ インターネットは、いつ、誰が、どういう目的で開発したのでしょうか？

――……？

ちょっと難しいかな。実は、インターネットは東西冷戦時代、核戦争に対応するために開発された技術だったのです。その後、１９９１年にソ連が崩壊。東西冷戦の終結を契機にインターネットが爆発的に普及したのです。その歴史を振り返ってみましょう。

東西冷戦時代、アメリカとソ連の緊張関係を保っていたのは、互いに保有していた核兵器です。いつでも相手国に向けて核ミサイルを発射できる状況が、戦争に対する抑止力だと考えられてきました。核爆弾の破壊力は、広島と長崎で実証されています。本当に戦争になったら、両国だけではなく世界が破滅するほどの被害が起きます。

まず両国とも核ミサイルを配備するための基地を建設しました。ところが固定的な基地をつくると、リスクが大きいことに気づきます。相手に基地の場所を発見されたとたん、攻撃を受け破壊される危険があるからです。

そこでアメリカ軍は、ネバダ州の砂漠を利用した地下基地の建設を考えました。いくつもの地下基地を、縦横無尽にめぐらせた地下トンネルでつなぐ。核ミサイルはトンネルを通って、基地間を移動する。すると、ソ連はどの基地に核ミサイルがあるか特定するのが難しくなります。さらに潜水艦にもミサイルを積んで、ひっそりと深海に隠しました。もし戦争になった時には、深海からミサイルを発射するという手はずです。

一方のソ連も同じように潜水艦を配置して、アメリカを牽制します。アメリカは不安ですから、ソ連の潜水艦一隻一隻を攻撃型潜水艦で尾行しました。いざ核戦争になった時には、ソ連の潜水艦からアメリカ本土を狙ったミサイルが発射される前に、その潜水艦を沈めてしまおうという作戦です。東西冷戦時代、世界中の海で、追いかけっこをやっていました。

特に、アメリカとソ連が直接向かい合っている北極海では、頻繁に潜水艦の追いかけっこが行われていて、潜水艦同士が衝突する事故も発生しました。ところが、両国とも秘密裏に行っている作戦ですから、公表されることはなかったのです。

さらにアメリカは、アメリカ軍同士の軍事情報をやりとりするために、コンピュータによるネットワークシステムを開発しました。最初は中央（国防総省）に大型のコンピュータを置き、ニューヨーク、サンフランシスコ、ロサンゼルスなど全米各地のアメリカ軍基地とつなぎました。

ところが、この仕組みだと中央のコンピュータが破壊されたら、アメリカ軍は情報連絡が一切できなくなってしまいます。中央の大型コンピュータが破壊されても、情報ネットワークが生き延びることができるようにするにはどうすればいいか。

そこで、それぞれのコンピュータ同士を網の目のようにつないで、自由に連絡がつくようにできないかと、考えました。まさに、目からうろこの発想です。この仕組みだと中央のコンピュータが破壊されても、ほかのコンピュータのネットワークには影響がありません。まるでクモの巣のように張り巡らせたネットワークの形状から、クモの巣、つまりウェブ（World Wide Web）と呼ばれるようになりました。

パソコンの普及で、インターネットが世界中の人々のものに

１９９１年12月、ソ連が崩壊して東西冷戦が終結しました。インターネットは、もともとは軍事機密だった情報ネットワークシステムですが、ソ連の脅威がなくなったわけですから、軍にとっても宝の持ち腐れです。１９９０年代の半ばくらいから、一般に公開されるようになりました。

世界中の技術者たちが、インターネットを活用した新しいチャレンジを始めました。まず、コンピュータ通信、つまり不特定多数のコンピュータ間でメールのやりとりができるようになりました。これは、当時としては画期的なことでした。

インターネットがまだ登場する以前、１９７０年代に使われていたコンピュータは、今のものとまったく違っていました。電源を入れると、黒い画面に光の点が点滅する。そこにCOBOLとかFortranとかC言語とかいわれるコンピュータ言語を打ちこむことでコンピュータを動かしていく。高度な専門知識がないとコンピュータを使うことはできませんでした。

その後、ビル・ゲイツが創設したマイクロソフト社が、他社が開発したコンピュータのオペレーティングシステム（ＯＳ）を買い取って改良したＭＳ－ＤＯＳをパーソナルコンピュータに搭載しました。これで、一般の人たちでも自由にコンピュータを使えるようになったのです。

さらにスティーブ・ジョブズのアップル社がマッキントッシュ（Ｍａｃ）という、使いやすいシステムを開発（写真⑫）。マイクロソフトも、ＭＳ－ＤＯＳをウィンドウズに進化させコンピュータの言語を知らなくても、自由にコンピュータを動かすことができるようになりました。

マッキントッシュやウィンドウズのオペレーティングシステム上では、写真や映像やさまざまな種類の文字が使えるようになりました。これを、グラフィカルユーザーインターフェイス（ＧＵＩ）といいます。ただの記号の羅列だったコンピュータが、普段自分たちが使っている言葉や図形、写真などをそのまま表現できるように進化したのです。ＧＵＩの開発により、パーソナルコンピュータは爆発的に市場を拡大しました。

コンピュータの利用者が増えると、市場も大きくなり、開発競争にも熱が入ります。性能もどんどん良くなります。一般家庭にも当たり前のようにコンピュータが入ってくる。するとメールのやりとりや、ウェブサイトの閲覧だけではなく、インターネットを利用し

写真⑫—初代マッキントッシュを紹介するスティーブ・ジョブズ
（1984年1月24日）｜写真提供：共同通信社

て商売はできないかと考える人が出てきました。

アメリカは広大な国ですから、買い物するのも大変な地域があります。そのため、通信販売が盛んでした。カタログで商品を選んで注文をし、お金を送ると郵便で荷物が届く。この仕組みをコンピュータとインターネットを使ってつくれないかと考えたのです。それが、ネット通販の始まりです。

ネット通販の成功によって、インターネットには大きなビジネスチャンスが眠っていることがわかりました。当然、いろいろな人や企業が、インターネットに着目し、インターネットの可能性を追求し始めます。

一方、インターネット上で動画を見ることができるようになりました。誰でも自分の撮った映像をネット上に配信することができる。これがユーチューブ（YouTube）です。世界中の誰もが、リポーターやジャーナリストのような立場になって、ニュースを伝えられるようになったのです。歌手を夢見る少女が自分の歌っている動画をユーチューブにあげたら、突然人気が出てデビューを果たすというようなシンデレラ・ストーリーも生まれました。

インターネットの可能性はますます広がっています。これは、アメリカ軍の技術者が秘密裏に開発していた時には起こりえなかったことです。アメリカがインターネットの仕組みを公開したおかげで、世界中の優秀な頭脳がインターネットの新しい技術を次々と開発し、今も日々革新が起き続けています。これが、産業革命以来の技術革新＝ＩＴ革命といわれるゆえんです。

自由競争が携帯電話の普及を促進した

インターネット以前にも、私たちの生活の仕組みを変えてしまうような、大きな情報技術の革新がありました。それが、携帯電話です。今では、ひとりに1台が当たり前です。ところが１９８０年代の半ばくらいまでは、電話といえば固定電話のことでした。

たとえば高校のクラスで、連絡事項があって女の子の家に電話をしなければならないことがあったとします。高校生の池上少年は、ものすごく緊張するわけです。不思議なことに、女の子の家に電話をかけると、電話に出るのはたいてい父親なんです。娘さんに電話を代わってもらうためには、まず、お父さんに「私は、池上彰という者で、お嬢さんとは同級生で……」と、怪しい者ではないことを説明しなければなりません。今考えれば、見知らぬ大人と話す機会なんてそうめったにあるものではないですから、必死になって敬語の練習をした記憶があります。

その後、移動通信という考え方が生まれ、自動車電話ができました。大型の電話を据えつけて、通信衛星の電波を使って電話をかけることができるようになった。そうすると、人間が持ち歩ける電話がほしい、というニーズが出てきます。当時は、ショルダーフォンという名前で、大きめのハンドバッグくらいの箱を肩にかけて持ち運びました（写真⑬）。これが、実に重い。3キロもあったそうです。

当時、私はＮＨＫの社会部の記者でした。大きな事件や事故があれば、重いショルダーフォンを肩にかけて現場に向かい、取材を行いました。それまでは、無線機を現場まで運んで通信していましたから、それでもずいぶん便利になったと感じたものです。

ここで、当時の日本の電話の契約システムを振り返ってみましょう。今のように、電話機を買うことはできませんでした。ではどうやって電話機を入手したかというと、日本電信電話公社という、半官半民の会社に数万円のお金を払って電話器を借りるという仕組み

写真⑬―1980年代後半の携帯電話「ショルダーフォン」
｜写真提供：NTTドコモ

でした。もちろん月々の利用料は別途かかります。この日本電信電話公社、国有企業でも民間企業でもないという、非常に中途半端な会社でした。

ところが、アメリカでは、電話や携帯電話を買って使える仕組みができていました。日本でも買い取り制にすべきだ、という議論が出てきます。当時、通信事業を管轄していた郵政省（現在は総務省が管轄）の役人が、「こんな高い物を誰が買うんだ」といって却下し続けていたのです。

やがて、日本電信電話公社は民営化され、通信の自由化が始まります。どんなに高額でも、便利な携帯電話が買えるようになれば、当然ほしい人が出てきます。メーカーも大量に販売するため、努力をして価格を下げる。買う人が増えれば、それだけ量産できるので、ますます価格は下がり、さらに普及します。

技術も同様で、重い電話を肩からかけるのでは不便だという声が上がります。すると軽く小さくという流れが加速して、手の中に収まるくらいの電話ができたらいいな、という声が上がる。メーカーの技術者たちもユーザーのニーズに応えようと、必死で新技術の開発に取り組みます。今では、スマートフォンに進化して、手のひらサイズのインターネット端末が実現しています。

私が大学生の頃、アメリカのスパイ映画の主人公が海外にいて、ポケットから小さな通信装置を取り出してアメリカ国内の本部と連絡をとるシーンがありました。当時は夢物語だと思っていましたが、40年経って、今まさに世界のどこにいても携帯電話で連絡がつくようになりました。

インターネットも携帯電話も、同じです。さまざまな技術を公開して、みなさんのアイデアで自由にやってくださいとなったとたん、劇的に技術革新が進みます。こんなものは誰もほしくないだろうと、役人が机上だけで考えていると、社会の進歩はありません。

インターネットの登場によって、新たな脅威が生まれた

インターネットの登場以降、情報技術は劇的に進化しました。これは、いってみれば、プラスの話です。その一方でマイナスの事態も起こっています。

Q インターネットの進化で起こる、マイナスの出来事とはどんなことでしょう?

――**コンピュータ・ウイルス?**

そうですね。コンピュータの技術がどんどん発展して利用者が増えてくると、それを悪

用しようとする人たちが登場します。たとえば、メールにウイルスを仕込んで送信すると、そのメールを開封した人のコンピュータをウイルスが乗っ取ってしまう。遠隔操作で、そのコンピュータを勝手に操って悪事を働くというような事件が多発しています。

他人のコンピュータを次々に乗っ取って、そのコンピュータから脅迫状を送る、という事件が起こりました。警察は、コンピュータ・ウイルスの仕業だとはわからずに、脅迫状が送信されたコンピュータの持ち主を誤認逮捕しました。後に真犯人は捕まりましたが、まさにインターネット時代の犯罪だと話題になりました。

スカイプ（Skype）というインターネットを通してテレビ電話のようにやりとりできるサービスがあります。スカイプがコンピュータ・ウイルスに乗っ取られると、乗っ取った人によって私生活を盗み見られる恐れもあります。自分ではスカイプを起動しているつもりではなくても、勝手に起動させられて、パソコンのカメラとマイクを通してあなたの私生活が筒抜けになるのです。怖い話ですが、こういう事件は起きています。便利さと引き換えに、恐ろしいことも起こりうる時代なのだということを理解してください。

そしてもうひとつ、東西冷戦終結後の世界で大きな脅威となっているのがサイバー戦争です。インターネットを介してコンピュータ上で行われる戦争のことです。

アメリカのソニーピクチャーズが、北朝鮮の金正恩《キムジョンウン》第一書記をモデルにした風刺的な映画を公開することを発表しました。すると、アメリカのソニーピクチャーズがサイバー攻撃を受けて、社員のメールが全部ネット上にさらされてしまったのです。ビジネス上のやりとりはもちろん、社員同士が上司の悪口を言い合ったメールまで全部です。おそらく北朝鮮が嫌がらせのためにサイバー攻撃を行ったのだろうと推測されます。

アメリカも黙ってはいません。サイバー攻撃に対しては毅然とした報復をすると、オバマ大統領が宣言を出しました。その2日後、北朝鮮のコンピュータ・ネットワークがすべて麻痺しました。

スマートフォンもインターネットにつながっている端末ですから、危険性はコンピュータと同じです。たとえば、地図上で目的地まで道案内をしてくれるナビ機能。すごく便利ですよね。スマートフォンが発信している電波を近くの基地局がキャッチして、地図上に位置を示してくれます。逆をいえば、そのスマートフォンが今どこにあるか、つまりあなたがどこにいるかを第三者が知ることもできるのです。

スマートフォンを使って撮った写真。そこには撮影した場所の位置情報が入っている場合があります。たとえば友だちの女の子を自宅まで送っていって、何気なく撮った写真に位置情報が入っていたとします。その写真をブログやフェイスブックに掲載するとどうなるでしょうか。彼女に対しておかしな気持ちを持っている人が、その写真の位置情報を検索すれば、自宅の位置がわかってしまうのです。普段何気なく使っている便利な機能が、犯罪のきっかけになる可能性もあるのです。

この位置情報機能が思わぬ真実を暴き出した国際事件も起きています。ウクライナの東部、ロシアとの国境付近で、ウクライナ政府軍と親ロシア派の軍事勢力が内戦状態にありました。兵力的には政府軍のほうが優位のはずなのですが、親ロシア派も最新兵器を豊富に所有していてまったく引けをとらないのです。

ロシアが支援しているからではないかとウクライナ側は非難しました。しかし、ロシアはその事実を認めません。ところがロシア兵がツイッターにあげた写真の位置情報を見ると、ウクライナ内陸部になっていたのです。この写真をきっかけに、ロシア軍が親ロシア派を支援していたことがばれてしまいました。

２０１３年６月、ある人物が香港で数か国のメディアの取材を受けました。そこで語られた内容は、全世界に衝撃を与えました。アメリカの国家安全保障局（ＮＳＡ）が、世界中のインターネットや電話回線を傍受して個人情報を収集しているというのです。

その人物の名は、エドワード・スノーデン。元ＣＩＡ職員で、退職後民間企業に就職してＮＳＡに出向していました。そこでアメリカ政府による極秘情報収集活動の実態を知りました。怒りを覚えたスノーデンは、機密資料をコピーして持ち出し告発します。

スノーデンは、国家反逆罪で指名手配されました。香港からモスクワに飛んだスノーデンは、ロシアへの亡命を申請します。アメリカ政府はロシアに対し、身柄引き渡しを要求しました。しかしロシアはこれを拒否します。ロシアは、スノーデンに1年間の滞在許可を出し、2014年には、3年間の期限付き居住権を与えています。

この事件をきっかけに、アメリカとロシアの関係が悪化していきます。東西冷戦時代が、再びやってきたかのような状況です。

また、NSAによってドイツのメルケル首相の携帯電話が盗聴されていた可能性が指摘されました。ドイツはアメリカ政府に確認を求めます。アメリカ政府は否定します。ところがオバマ大統領が、メルケル首相と会談した際に、「もう、しません」と言ってしまいました。暗に盗聴を認めてしまったのです。

日本にも、三沢基地（青森県）にNSAの関連施設があります。上空から見ると、白いゴルフボールのような施設の姿を確認することができます（写真⑭）。これらは、パラボラアンテナの形状や向きを隠しているもの。このアンテナで、日本周辺国（ロシア、中国、北朝鮮）の軍事無線などを傍受しています。インターネットによって、情報革命が起きました。しかしそれは、新しい情報戦争の幕開きだったのかもしれません。

写真⑭—三沢基地にある白いゴルフボールの形をした通信傍受施設(2004年撮影)。| 写真提供:朝日新聞社

アラブの春とインターネットの真相

2010年の暮れにチュニジアで民主化運動が起こりました。チュニジアを代表する花がジャスミンだったことから「ジャスミン革命」と呼ばれました。当時のチュニジアは、ベン＝アリー大統領による長期政権下にありました。政府や役人は腐敗し、国民の間に不満がくすぶっていました。

そんなチュニジアで、失業中の若者が果物や野菜を街頭で売ろうとしていました。ところが警察官がやってきて「勝手に屋台を出すな」と、野菜や秤《はかり》などを没収されてしまいます。返してほしければ、賄賂をよこせと暗に要求する警察官。しかし一本気な若者は払いません。役所に抗議をしますが、相手にされず追い払われてしまいます。絶望した若者は、抗議の意味をこめて役所の前で焼身自殺をしたのです。

イスラム教では、世界の終わりには人々はよみがえり、神様の審判を受けて、天国へ行くか地獄へ行くかが決まると信じられています。焼身自殺をして、肉体がなくなってしまうと、よみがえることができませんし、神様の審判を受けることもできません。イスラム教徒にとって、焼身自殺は最もやってはならないことだったのです。

このあまりに衝撃的な抗議行動は、政府に対して不満を持つ若者たちの気持ちに火をつけました。またたく間に抗議行動が広がり、やがて大きな民主化運動となります。ひとりの若者の焼身自殺をきっかけに、ベン＝アリー政権は崩壊しました。

チュニジアで始まった民主化運動は、独裁政権下のリビアやエジプトなどにも広がり、「アラブの春」と呼ばれています。

こういった抗議行動はインターネットで拡散されていきました。そのためツイッターやフェイスブックが、「アラブの春を引き起こした」といわれています。

Q しかし、これは正確ではありません。なぜだかわかりますか？

――ツイッターやフェイスブックだけじゃなく、メールも使ったからですか？

メールではないんだな。

チュニジアやイラク、エジプトなどの国々は、決して識字率が高くはありません。文字が読めない人がたくさんいるのです。当然パソコンも持っていません。ツイッターやフェイスブックなど、使えないし、そもそも知らない人が大多数だったのです。

ただし若者たちの中には、インターネットを使える者が多くいました。彼らはツイッターやフェイスブックを使って、抗議行動への参加を呼びかけました。

たとえば、エジプトでは「金曜日の礼拝の後に、タハリール広場に集まろう!」と呼びかけました。最初は、ほんの少数の人しか集まりませんでした。独裁政権下では、言論統制が厳しく、テレビなどのメディアも政府寄りの報道しかしません。政府に都合の悪い情報は拡散しないのです。

しかし、アルジャジーラというテレビ局が、この集会のことを報道したのです。アルジャジーラはカタールの王様がポケットマネーでつくったテレビ局です。

もともとはイギリスのBBCがアラビア語のニュースチャンネルをやろうと計画していました。しかし、この計画が途中で頓挫したため、BBC流の言論の自由を貫く訓練を受けたジャーナリストたちは行き場を失ってアルジャジーラの記者になったのです。

しかもアルジャジーラは、衛星放送。アラブ圏一帯で受信することができます。読み書きのできない人もテレビから情報を得て、次々とタハリール広場に集まり始めました。

ツイッターやフェイスブックが「アラブの春」のきっかけになったことは間違いありません。しかし、ツイッターやフェイスブックだけでは、国を変えるほどの大きなうねりをつくることはできなかったでしょう。その背景には、アルジャジーラという言論の自由を貫くアラビア語放送があったのです。

インターネット上の情報は、信用できるか？

ネット社会は、これまで述べてきたような問題だけではなく、別の危険性をもはらんでいます。それが、ネット上でのいじめの問題です。昔なら、教室の中で起こっていたことが、先生や親には見えないネットの世界で起こっているのです。教室では一見普通にしていながら、ネットの世界では陰湿ないじめを行っている。それによって、自殺をしてしまう子どもたちも出てくる。そういう悲しい現実があります。

ネットは文字情報が中心です。思わぬひと言が誤解を生むこともあります。たとえば、「バカだな」という言葉。現実の世界では、顔が見えていますから、笑いながら「お前、バカだなぁ」と言っても、本気でバカだと言っているとは思いません。口調や顔の表情などを通して、愛情にあふれた言葉なのだと理解できます。

しかし、文字だけだと、本当にバカだと言われていると勘違いする人も出てきます。そういう誤解が起こる可能性はいくらでもあります。メールのやりとりやＳＮＳへの投稿など、書き終わってすぐに送信するのはやめたほうがいいでしょう。ひと呼吸置いて、もう一度相手の立場になって読みなおしてみる。それだけでも、ずいぶんトラブルは少なくなります。

ネットの世界は玉石混交、正確な情報からとんでもない嘘の情報まで、同じレベルで発信されます。それによって、間違った情報がどんどん拡散していくこともあります。また、マスコミのことを「マスゴミ」と呼んで、ネットの世界にのみ真実があると思いこんでいる人たちもいます。

どうしてそういう思いこみが起こるのでしょう。たとえば、２０１４年、集団的自衛権を認める閣議決定の前に、新宿で焼身自殺を図った人がいました。ネットでは、すぐに情報が出ました。しかし、テレビのニュースではなかなか報道されません。

集団的自衛権の容認に反対をして焼身自殺を図った人がいることを、テレビがどこも報じないのは、政府から圧力がかかったのに違いない。だから「マスゴミ」は報道しないのだと。そう考えた人がいました。

しかし、テレビや新聞は、報道機関として事実を正確に報じる使命があります。新宿で焼身自殺を図った人がいるという情報は、すぐにキャッチしています。でも、それは別の理由で自殺を図ったかもしれない。もし集団的自衛権の閣議決定に抗議をしての焼身自殺だとすれば、政治的な主張であり、ニュース価値があります。しかし事実はどうなのか。その確認が取れないかぎり、憶測だけで報じることはできないのです。

新聞やテレビの記者は、まず事実関係を確認してから報道するという姿勢を徹底的に叩きこまれます。一方、ネットで個人的に情報を発信している人の多くはプロでありません。事実確認をしないまま、聞きかじった情報をそのまま発信してしまうこともあります。うわさ話レベルの情報が、ある人々の間では信憑性《しんぴょうせい》をもって拡散してしまう。これが、今、非常に深刻な問題になっています。

私がＮＨＫの社会部の記者だった時代の話です。ある新聞社が特ダネを報じました。しかし、ＮＨＫはまだ報じていない。政府から圧力をかけられたのではないか、自粛をしているのでは、と考える人もいるでしょう。しかし、他社に特ダネを抜かれたのですから、社内は大騒ぎです。すぐに、事件の情報収集にあたりましたが、事実関係の確認をとるために時間がかかりました。結果的に、新聞に記事が出たからといって、ＮＨＫの報道が、それを報じていないことはいくらでもあるのです。

マスコミをバッシングする側の裏側には、マスコミに対する過度な期待があるのではないかと思います。マスコミは大きな力を持っていて、あらゆる情報を集めることができる。その中で、国民に知らせる情報と知らせてはいけない情報を選別しているのではないか。そういう誤解が、マスコミ＝権力という思いになって、マスゴミと批判する人が出てくるのでしょう。

記者クラブや通信社からの配信記事など、情報ソースがはっきりしているものは、各社そのまま報道することもありますが、基本的には記者が必死になって取材活動を行った結果つかんだ情報を、さらに調べて事実を確認したうえで、各社報道しているのだということを知っておいてください。

情報化時代を生き抜く鍵は、メディア・リテラシー

宅配される紙の新聞とインターネットでは、同じ記事でも表現がずいぶん違うことに気がつきます。紙の新聞は定期購読者がほとんどです。この記事で、驚かせてやろうとか、目を引こうとする必要がありません。事実を客観的に報じる姿勢で、淡々と記事を書いています。

インターネットの場合はどうでしょう。インターネットのメディアは、自社のページがどれだけ多くの人に閲覧されたかというデータに基づいて、掲載される広告の料金を決めています。サイトの運営者は利益を上げるために、過激な見出しをつけて興味を引こうと工夫します。それが、どんどんエスカレートしていく。インターネットのメディアが普及することで、一般紙では客観的に淡々と書かれている記事が、ずいぶん誇張された内容に

なっていることもあります。

特定の国の悪口だけをまとめて掲載しているサイトがあります。そこには、その国に反感を持っている人が集まってきます。過激な悪口を言えば言うほど、閲覧数が増えて、サイト運営者には広告料が入ってきます。そういうビジネスモデルも増えています。

わからない情報や知らない情報にぶつかった時に、すぐ検索して調べることができるという点では、インターネットは革命的な技術です。しかし、そこには「ネット検索のわな」があります。

たとえば「原発　危険」「放射能　危険」というキーワードで検索すると、「とんでもない量の放射性物質が出ている」「政府はウソをついている」と感じてしまう情報がたくさん集まります。

しかし「報道　大げさ」「それほど恐れる必要はない」というキーワードで検索すると、「メディアは騒ぎすぎだ」「パニックになる必要はない」といった冷静な視点の情報がたくさん集まります。

どうしてこういうことが起きるのか。私の造語ですが「ネット検索による定向進化《ていこうしんか》」が原因だと考えます。

定向進化とは、進化論の中の言葉で、恐竜のように体が大きくなることで生き延びた生物は、どんどん大きくなって最後には滅びてしまうという考え方です。ネット検索においても、同じ視点だけで検索を続けると、定向進化が起こり、結果的にバランスの取れた情報を収集できなくなるというわけです。

インターネットも含め、新聞やテレビ、ラジオなど、さまざまなメディアが発信する情報を読み解く力をメディア・リテラシーといいます。インターネットの登場により、私たちが接する情報量は一気に増えました。過剰なまでの情報にさらされて生活している私たちは、誤った情報に躍らされることのないように、これからさらにメディア・リテラシーを磨いていく必要があるのです。

これからの時代を生きていく、すべての人へのメッセージ

最後、若干の時間がありますね。6回の授業を全部まとめてもいいです。何か質問がありましたら、お答え致します。……さっさと終えたほうがいいですか。もう、来ませんよ(笑)。この際だから聞いておきたいということはないですか？　はい、じゃあ。

――授業を通して、今までの平穏っていうか何か崩れてきて、世界が変わっていく時期だということがよくわかりました。これから僕たちが、社会を担うっていわれるんですが、どういう心持ちで生きていけばいいのでしょうか？

重い質問だね(笑)。でも、最後に「いい質問」が出ましたね。大きく変わりつつある社会でどう生きていくか、ということだよね。

自分のことを振り返ってみると、私が中学生の時も、高校生の時も、大学生の時も、「激動する時代の中で、君たちはどう生きるのか」と問われてきた気がします。

私もみなさんの両親も、世界中の誰しもが持ってきた感情なのです。

自分はどう生きたらいいのか、不安にさいなまれるのは当然です。でも、これまで誰も経験したことのない未来を経験できるんだ、と考えると、ちょっぴり楽しみだと思いませんか。

その時に大切なことは何だろうか、と考えると、自分というものをどうやって確立するかということでしょう。ちょっと難しい言葉でいえば「個の確立」、自分は自分なのだということです。

君たちは一人ひとり、同じ人は世界にいないわけだよね。本当に貴重な唯一絶対の存在が君たち一人ひとりなのです。きちんとした個人として自立できるかどうかが大事だと思います。

でも、すぐに「個の確立」なんかできないよね。他者という存在があって初めて自分という存在を客観的に見ることができます。友人だったり、家族だったり、そういう他者との関わり合いの中で、自分はどういう存在なのかが見えてくるのです。

ほかの人と違うと、すごく不安になります。しかし、そんな自分を否定したり、悲観したりしてはいけないのです。もし違うことが、いじめや差別や争いごとを引き起こしているとしたなら、それは悲しいことです。他者とは違うからこそ、自分がある。ほかの人と違うから、自分の個が生まれる。ぜひそう考えてください。

「自分はどう生きるのか？」この問いは、人類永遠の課題です。一人ひとりが「個の確立」に向かって切磋琢磨し、学んでいってほしいと思います。違いを認め合うところから、一人ひとりが個の確立に向かって進んでほしい。

そしてさらに視野を広げて、世界がどうなっているのかを知ることが重要です。世界の国にはいろいろな考え方、さまざまな文化、風習がある。インターネットで国境を超えて自由にコミュニケーションできる時代だからこそ、違いがあるのが当たり前だと認識することが大事だと思います。

6回の授業、ありがとうございました。

——（生徒全員）ありがとうございました（拍手）。

おわりに　世界はつながっている

　この本のもとになる授業が終わった後、ヨーロッパ各地では、中東や北アフリカからの難民が押し寄せ、受け入れをめぐって大混乱になっています。

　難民は、民族や宗教、政治的考え方の違いなどから迫害を受け、命の危険を感じて逃げ出してきた人たちのことです。

　でも、中には、この機会に、よりよい暮らしを求めてヨーロッパに移り住もうという移民の人たちもいます。難民なのか、移民なのか。見ただけでは区別がつきません。難民は助けてあげたいが、移民は受け入れたくない。そんな考えを持っている人もいます。

　先進国に何ができるのか。これが、ヨーロッパ諸国が直面している課題なのです。

　今は日本に関係のない、遠い国の話と思っているかもしれませんが、そのうちに、「豊かな国である日本は難民を受け入れようとしないのか」という声が出てくる可能性もあります。その時、日本はどうすればいいのでしょうか。

あるいは、日本の近くのアジアの国から、大量の難民があふれ出てくる可能性だってあります。そのとき、同じアジアの日本は、何ができるのでしょうか。

そう考えると、ヨーロッパ諸国が抱える問題は、他人事ではないのです。


この本のもとになっている授業を受けた生徒たちは、授業の後、感想文を寄せてくれました。世界の遠い場所で起きていることが、さまざまにつながっていること、アニメやSNSなど若い人にも身近なものが、日本大好きな親日派をつくり出し、SNSで交わされる情報が「アラブの春」を生み出したことを知った、と書いた生徒が多数いました。こんな現実を見るにつけ、世界はつながっている、と実感します。

つながっている世界で、あなたはどう生きていくのか。そんなことを考えるきっかけになれば、こんな嬉しいことはありません。

この本をつくるにあたっては、片原泰志さん、小学館の岡本八重子さんにお世話になりました。

池上　彰

本書を刊行するにあたって、
千代田区立九段中等教育学校の先生や
生徒のみなさまにご協力いただきました。
篤く御礼申し上げます。

——編集部

池上 彰

いけがみ・あきら

1950年長野県生まれ。慶應義塾大学経済学部卒業後、73年にNHK入局。報道局社会部記者などを経て、94年4月から11年間にわたり、『週刊こどもニュース』のお父さん役を務め、わかりやすく丁寧な解説で人気を集める。
2005年にNHKを退職し、フリージャーナリストに。12年より東京工業大学リベラルアーツセンター教授。16年より名城大学教授、東京工業大学特命教授。主な著書に『そうだったのか！現代史』『伝える力』『「1テーマ5分」でわかる世界のニュースの基礎知識』『池上彰の学べるニュース』などがある。

構成
片原泰志

ブックデザイン
鈴木成一デザイン室

地図製作
平凡社地図出版株式会社

編集協力
西之園あゆみ

校正
小学館出版クォリティーセンター

制作
長島顕治、池田 靖、星 一枝

販売
奥村浩一

宣伝
荒木 淳

編集
岡本八重子

池上彰の世界の見方

Akira Ikegami, How To See the World

15歳に語る
現代世界の最前線

2015年11月11日　初版第1刷発行
2016年 6 月 1 日　　　第4刷発行

著者
池上 彰

発行者
伊藤礼子

発行所
株式会社 小学館
〒101-8001 東京都千代田区一ツ橋2-3-1
編集03-3230-5120 販売03-5281-3555

印刷所
凸版印刷株式会社

製本所
株式会社 若林製本工場

 ISBN978-4-09-388442-6